Brunhilde
Bross-Burkhardt

Gräber gestalten und pflegen

75 Farbfotos
10 Zeichnungen

Ulmer

Inhalt

Vorwort

Für mich ist es schon fast zur Gewohnheit geworden, beim Besuch einer fremden Stadt den Friedhof anzuschauen. Ich mag diese beschaulichen Orte abseits des Getöses und der Geschäftigkeit der Einkaufsstraßen. Hier ist es meistens still, und die grüne Umgebung übt zusätzlich einen beruhigenden Einfluss aus. Beim Vorbeigehen an den Gräberreihen bleibe ich immer wieder stehen, lese die Inschriften auf den Grabmalen, bewundere die Kunstfertigkeit der Steinmetze oder entdecke eine ungewöhnliche Bepflanzung. Im Laufe der Jahre habe ich sicher weit über hundert Friedhöfe und Kirchhöfe besucht. Dabei habe ich immer wieder versucht, den besonderen Charakter des Ortes zu erspüren. Oft hat mich eine Geste, ein persönliches Zeichen angerührt.

Einen besonders starken Eindruck haben die Kirchhöfe mit einheitlichen Grabmalen auf mich gemacht. Aus der Schweiz kannte ich das schon, aber als ich keine zehn Kilometer entfernt von meinem Geburtsort den Kirchhof in Ailringen mit seinen schlichten braunen und weißen Holzkreuzen entdeckte, war ich verblüfft. Diese Gleichartigkeit ist in unserem Kulturraum jedoch eher selten. In der Regel gibt es keine zwei ganz gleichen Grabmale nebeneinander. Die Individualisierung zeigt sich wie im normalen Leben auch auf dem Friedhof. Besonders ausgeprägt ist dies in den großen Städten auf den Hauptfriedhöfen, wo bedeutende Persönlichkeiten begraben liegen. Manchen von ihnen wurden kleine Paläste zum Gedenken errichtet.

An einige von diesen Grabmalen bedeutender Persönlichkeiten erinnere ich mich sehr gerne. Da ist das Grab meines Lieblingsdichters Rainer Maria Rilke auf dem kleinen Dorfkirchhof in Raron im schweizerischen Wallis. In einen schlichten Kalkstein ist ein Gedicht eingemeißelt: *„Rose, oh reiner Widerspruch, Lust, Niemandes Schlaf zu sein unter so viel Lidern."*

Das alles hat mich so tief berührt, dass ich gern die Aufmerksamkeit Anderer auf dieses wertvolle Kulturgut lenken wollte. Ich fing an, über Friedhöfe und Grabgestaltung Vorträge zu halten und fand damit großen Anklang. Unter meinen Zuhörern waren immer einige, die ebenso gerne wie ich auf Friedhöfe gehen. Diese Friedhofsgängerinnen und Friedhofsgänger lade ich ein, mich auf eine Entdeckungsreise zu begleiten. Aber auch diejenigen, deren Interesse hauptsächlich den wenigen Quadratmetern Grabfläche ihres oder ihrer Angehörigen gilt, erfahren detailliert, mit welchem jahreszeitlichen Blumenschmuck, mit welchen Stauden und Gehölzen sie ein Grab individuell, dabei aber dekorativ und pflegeleicht bepflanzen können.

Langenburg, im Herbst 2002
Brunhilde Bross-Burkhardt

Friedhofsgestaltung im Wandel der Zeit

Früher waren Friedhöfe beschauliche Orte, an denen die Zeit still zu stehen schien. Doch die Zeiten haben sich geändert. Alte gewachsene Friedhofskultur droht verloren zu gehen. Friedhöfe gehören heute meistens den weltlichen Gemeinden, die sie nach ökonomischen Erfordernissen bewirtschaften. Das prägt zunehmend deren Erscheinungsbild. Dazu kommen viele modische Zeitströmungen, die die Angehörigen mit Grabmalen und Bepflanzung auf die Friedhöfe bringen. Vielleicht wird es in nicht allzu ferner Zukunft private Friedhöfe geben, wie man sie in anderen Ländern schon kennt. Und ein ganz einschneidender Wandel kündigt sich mit den Friedwäldern, losgelöst von Friedhöfen, und – noch radikaler – den virtuellen Friedhöfen im Internet an.

Der mittelalterliche Friedhof

Christliche Friedhöfe haben eine lange Tradition. Das Wort „Friedhof" stammt vom mittelhochdeutschen „vrithof" ab, was soviel bedeutet wie „geschützter, umfriedeter Hof". Das trifft auch auf die Kirchhöfe zu, bei denen die Gräber um die Kirche angeordnet sind, umgeben von einer Mauer. Diese Einheit von Kirche und Friedhof hat sich bis zum 11. Jahrhundert durchgesetzt. Über Generationen hinweg bildete sie den Mittelpunkt des dörflichen Lebens. Hoch stehende Persönlichkeiten wurden bis ins 18. Jahrhundert in der Kirche selber, in der Nähe des Altars beigesetzt. Das einfa-

Dieses alte Grabmal wurde mit hohem kunsthandwerklichem Können gestaltet. Der Efeu bildet einen immergrünen Rahmen.

che Volk bekam nur rasch vergängliche Grabzeichen auf dem Kirchhof. Eine eigentliche Grabbepflanzung gab es nicht. Dafür maßen die Menschen im Mittelalter den Pflanzen auf dem Kirchhof eine magische Bedeutung als Schutz vor bösen Mächten bei. Efeu, Buchsbaum, Eiben, Rosen und andere galten auch als Sinnbilder für Tod und Auferstehung, für Vergänglichkeit und ewiges Leben, ja, für das Paradies. Selbst der Weg zum Kirchhof mit seiner schmalen Pforte hatte symbolische Bedeutung: Er wies darauf hin, dass nur ein bestimmter Lebensweg ins Reich Gottes führt.

Die alten Kirchhöfe waren bald dicht belegt, neue Friedhöfe entstanden vor den Stadtmauern. Die Städte wuchsen weiter, sodass die Friedhöfe bald wieder innerhalb des bewohnten Bereichs lagen. Wann immer die Bevölkerung stark wuchs oder große Seuchenzüge viele Todesopfer forderten, mussten die Flächen erweitert oder verlagert werden. Die Auslagerung der Friedhöfe hatte jedoch auch hygienische Gründe. Es konnte vorkommen, dass das Sickerwasser vom Friedhof das Trinkwasser ungenießbar machte und Krankheiten übertragen wurden. Noch mehr Platz für die Friedhöfe wurde nötig, als im 19. Jahrhundert die Mehrfachnutzung des Grabes durch Bestattung übereinander verboten wurde. In dieser Zeit entstanden in den Großstädten riesige Friedhöfe: Mit 400 ha ist der Ohlsdorfer Friedhof in Hamburg weltweit der größte.

In ländlichen Regionen nahm die Bevölkerung nicht so stark zu. Hier findet man bis heute die traditionellen Kirchhöfe, denn es gab keinen Bedarf für eine Vergrößerung. Manche dieser Kirchhöfe umfassen kaum mehr als ein Dutzend Grabstellen.

Auf diesem Klosterfriedhof in Inzigkofen liegen Augustinerinnen begraben.

Vom Gottesacker zum Waldfriedhof

Ab Anfang des 15. Jahrhunderts wurden in den reformierten Gemeinden so genannte „Gottesäcker" angelegt. Ein bekanntes Beispiel ist der Gottesacker der Herrenhuter Brüdergemeinde, der ab 1730 entstand. Die Gräber waren hier einheitlich mit Buchsbaumhecken oder Mauern eingefasst, gelegentlich auch als Efeugräber gestaltet; umrahmt waren sie von einer durchgehenden Rasenfläche. Alleen zogen sich durch die rechtwinklige Anlage, Hecken und Bäume umgaben sie. Ab Mitte des 19. Jahrhunderts wurden viele Friedhöfe als Landschaftsgärten mit geschwungenen Wegen, Baum- und Gehölzgruppen angelegt. Dieser Gestaltungstyp findet sich noch heute in den großzügigen Waldfriedhöfen der Städte.

Im Tod sind alle gleich reich

Einen besonders starken Eindruck üben diejenigen Friedhöfe auf den Betrachter aus, auf denen alle Grabmale identisch gestaltet sind. „Im Tod sind alle gleich reich" soll diese Gestaltungsform ausdrücken – oder „Reichtum kann man nicht ins Grab mitnehmen." Diese besondere Grabmaltradition hat sich wahrscheinlich seit dem frühen 19. Jahrhundert erhalten. Die Anlagen stehen samt Friedhofsmauer unter Denkmalschutz: Durch einen Torturm betritt man den Kirchhof von **Ailringen** im Jagsttal und steht vor lauter Einzelgräbern mit Holzkreuzen – braune für die Verheirateten, weiße für die Ledigen (s. nebenstehendes Foto). Nur ein paar alte Grabdenkmale längst verstorbener Pfarrer sind aus Stein. Seit 1990 verbietet sogar die Friedhofssatzung des denkmalgeschützten Kirchhofs Grabsteine. Die Gemeindemitglieder pflegen diese Tradition, deren Ursprung nicht bekannt ist. Nur gelegentlich muss man Angehörige um Verständnis bitten, wenn sie Thujen oder Eiben auf die Grabstellen pflanzen wollen. Gehölze sind nicht erwünscht, denn das einheitliche Erscheinungsbild soll nicht gestört werden. Alle Gräber haben Einfassungen aus Stein, die splittbestreuten Wege werden offen gehalten. Eine ein bis zwei Meter hohe Natursteinmauer friedet den Kirchhof um die Ailringer Pfarrkirche St. Martin ein – ein malerisches Ensemble oberhalb des Ortes.

Die St.Vinzenz-Kirche in **Segringen,** wenige Kilometer von Dinkelsbühl entfernt gelegen, ist mit ihrem romanischen Glockenturm weithin sichtbar. Beim Betreten des Kirchhofs scheinen die einheitlichen Kreuze in langen Reihen Spalier zu stehen – tiefschwarz mit blattgoldenen Ornamenten und Schriften. Auf der dem Grab abgewandten Seite des Kreuzes stehen der Name, die genaue Berufsbezeichnung oder der gesellschaftliche Stand, der Geburtstag und das Sterbedatum. Auf der Rückseite, dem Grab zugewandt, steht der Konfirmationsspruch des Bestatteten. Auf diesem evangelischen Friedhof sind die Gräber traditionell bepflanzt. Zu Allerheiligen decken die Angehörigen die Gräber für den Winter ein, zum Palmsonntag werden Stiefmütterchen gesetzt und zu Pfingsten folgen die Eisbegonien, deren Rot zusammen mit dem Schwarz-Gold eine starke Faszination auf den Betrachter ausübt. Ganz genau kennt man auch in Segringen den Ursprung des Brauches, einheitlich schwarze Holzkreuze zu verwenden, nicht. Man weiß jedoch, dass die jetzige Form mit den geschnitzten oder gemalten Verzierungen vom Anfang des 19. Jahrhunderts stammt. Kirche und Friedhof existieren jedoch schon viel länger. Davon zeugen ältere Grabdenkmale in der Friedhofsmauer und an der Kirche.

Friedhöfe der Gegenwart

Seit um 1900 herum ein uraltes Verbot von Kaiser Karl dem Großen aufgehoben wurde, das das Verbrennen der Verstorbenen bei Todesstrafe verboten hatte, änderte sich für das Friedhofswesen Einiges. Grabfelder für Urnen kamen jetzt dazu. Von der Bevölkerung wurde die Möglichkeit zur Einäscherung zunächst nur zögerlich angenommen. Den Katholiken blieb sie durch ein päpstliches Edikt bis in die 1950er-Jahre verboten.

Zu Beginn des 20. Jahrhunderts entstanden architektonisch angelegte Friedhöfe mit durchdachter Wegeführung, mit Sichtachsen, mit Pavillons, mit geschnittenen Hecken zur Gliederung der Grabfelder. Manche dieser Anlagen wurden jedoch wieder aufgegeben, weil sie sehr pflegeintensiv waren. Nach dem Ersten Weltkrieg setzte eine Gegenbewegung zur pompösen Friedhofs- und Grabmalarchitektur des vorhergehenden Jahrhunderts ein. Landschaftsarchitekten und Architekten störten sich an allzu protzigen Grabmalen. Im Jahre 1921 wurde ein Reichsausschuss für Friedhof und Denkmal gebildet, der versuchte, den Friedhöfen ein einheitliches Bild zu verleihen. Als modern galten jetzt Friedhöfe, die nach einem Rastersystem angelegt waren, mit Gräberfeldern, die so umpflanzt waren, dass eine Raumwirkung zustande kam. Die Grabbepflanzung sollte flächig sein und wurde durch Bodendecker geprägt. Diese Ideen wurden nach dem Zweiten Weltkrieg in den 1950er-Jahren wieder aufgegriffen.

Gut gestaltete Wahlgräber auf dem Waldfriedhof in Schwäbisch Hall.

Gestaltungsvorgaben auf Friedhöfen

Die Friedhofsgestaltung unterliegt aus verschiedenen Gründen einem umfangreichen Reglement. Um die Möglichkeiten zur individuellen Grabgestaltung nicht unzumutbar einzuschränken, bestehen in jeder Gemeinde beziehungsweise in jedem Ortsteil zwei Möglichkeiten:

- „Grabfelder ohne besondere Gestaltungsvorschriften" unterliegen nur dem grundsätzlichen Reglement des jeweiligen Friedhofs.
- „Grabfelder mit besonderen Gestaltungsvorschriften" unterliegen weiteren Vorgaben bezüglich der Gestaltung, die persönliche Entscheidungen stark einschränken können. Je nach örtlicher Satzung dürfen zum Beispiel keine schwarzen polierten Grabmale aufgestellt werden. Nicht erlaubt sind Findlinge und Grabmale aus Gips oder figürliche Darstellungen aus Zement. Glas ist ebenfalls verboten. Die Abmessungen des Grabmals und das Aussehen der Inschriften können vorgeschrieben sein. Auf der Verbotsliste stehen ebenfalls Einfassungen der Gräber aus Stein, an manchen Orten auch die Einfassung mit Buchsbaum. Abgelehnt werden Fotografien auf Emaille, wie sie in Österreich und in Italien üblich sind.

Diese Gestaltungsvorschriften unterscheiden sich von Region zu Region und von Gemeinde zu Gemeinde. So kann die Einfassung mit niedrigen Buchsbaumhecken im Norden Deutschlands in der Friedhofssatzung vorgeschrieben, in Süddeutschland dagegen unerwünscht sein.

Die Gemeinden wollten nur noch ganz bestimmte Grabformen zulassen, sodass der Friedhof einheitlich wirkt. Diese strenge Reglementierung stieß jedoch auf Widerstand bei den Bürgern, und so lenkten die Behörden ein und boten als Kompromiss zwei unterschiedlich strenge Gestaltungsrichtlinien auf den Friedhöfen an.

Im Verlauf des 20. Jahrhunderts legte man die Friedhöfe durch geänderte Bewirtschaftungsformen zunehmend nach praktischen Erfordernissen an oder gestaltete vorhandene Anlagen um. Statt Totengräbern heben Bagger die Grabgruben aus, Kleintransporter liefern Bau-, Wartungs- und Pflegematerial zu den Gräberfeldern; nötig wurden deshalb breite Hauptwege und etwas schmalere Erschließungswege zu den Grabfeldern. Die in den 80er- und 90er-Jahren angelegten Friedhöfe wurden sehr großzügig mit weiten Rasenflächen und vielen Laubgehölzen, manche sogar mit Feuchtbiotopen gestaltet. Man bediente sich dabei entweder rechtwinkliger oder auch organischer Formen. Neue Friedhöfe werden von vornherein so angelegt, dass Bagger und Pflegefahrzeuge ungehindert überallhin fahren können. So entstand im Laufe der Zeit eine große Vielfalt an Friedhofsstypen, die sich meist gut ihrer jeweiligen Entstehungszeit zuordnen lassen.

Bestattungskultur heute

Heute beklagen die Menschen, die sich mit dem Friedhofswesen befassen, einen Mangel an persönlichen Zeichen und Symbolen auf dem Friedhof. Dieser Symbolverlust betrifft nicht nur die einzelne Grabstelle, sondern den Friedhof als Ganzes. Er steht oft weit außerhalb der Ortschaften und ist zu Fuß nicht mehr zu erreichen. In Bayern, wo man sich intensiv um die dörfliche Friedhofskultur kümmert, möchte man die Friedhöfe nicht aus dem alltäglichen Leben ausklammern, bei Neuplanungen achtet man darauf, dass sie im Ortsbereich liegen und zu Fuß erreichbar sind. Es gibt einen kleinen Kreis von Menschen, die der Anonymisierung des Todes entgegenwirken wollen. Sie suchen nach bleibenden Werten und machen sich Gedanken darüber, wie der Friedhof als kultureller Ort neu belebt werden kann.

Allgemein wird diese Entwicklung hin zur Anonymität mit der Tabuisierung des Totenkults begründet. Diese Tendenz drückt sich auch in der zunehmenden Zahl der anonymen Bestattungen aus. In den großen Städten sind das schon zweistellige Prozentzahlen, wobei der Anteil im Norden höher liegt als im Süden der Republik.

Geschichte und Geschichten

Für den antiken Menschen war es ein unerträglicher Gedanke, keine Grabstätte zu besitzen. Prachtvolle Totenstädte wie die der Etrusker zeugen noch heute davon. Im Judentum und im Islam bleiben die Grabstätten für immer erhalten, sie gelten als heilig. – Aber so weit muss man gar nicht über die Grenzen schauen. Auf christlichen Friedhöfen in anderen mitteleuropäischen Ländern, in Italien oder Frankreich, auch in der Schweiz, scheinen die Grabsteine ewig stehen zu bleiben. Wer in diesen Ländern Dorffriedhöfe besucht, kann sich mit etwas Phantasie ein genaues Bild der Gemeinde ausmalen: Wie alt wurden die Leute hier? Hat es einmal eine Krankheitsepidemie gegeben? Welchen Berufen sind die Verstorbenen nachgegangen?
Es gibt nicht mehr viele deutsche Friedhöfe, auf denen man solchen Gedanken nachhängen kann. Hier bleiben die Grabsteine mit den so viel sagenden Inschriften kaum länger als 30 Jahre stehen. Nach dem Ablauf der Ruhezeit räumen die Friedhofsarbeiter die Grabstätten ab. Ganze Gemeinden verlieren so ihre Geschichte.

Auf dem Kirchhof in Laage bei Rostock sind die Gräber traditionell mit geschnittenen Buchshecken eingefasst.

Trägerschaft und Verwaltung von Friedhöfen

Die christlichen Kirchen als Friedhofsträger

Bis zum Mittelalter war die Bestattung Sache der Kirchen. Die Bestattung in der Nähe der Kirchen war für die Menschen in früheren Zeiten wichtig. Mit der Reformation änderte sich das: Die Nähe der Toten zum Kirchenbau und zu den Reliquien wurde nicht mehr als nötig angesehen. Auf dem Land legt man aber auch heute noch großen Wert darauf, in der Nähe der Kirche, ja sogar in der Nähe des Altars im Kircheninneren beerdigt zu sein.

Im Lauf der Zeit koppelte sich das Friedhofswesen von den christlichen Traditionen ab und auch die katholische Kirche sieht es heute nicht mehr überall als ihre wesensgemäße Aufgabe an, sich um die Friedhöfe zu kümmern. Es gibt deshalb – besonders im süddeutschen Raum – nur noch vereinzelt von den katholischen Kirchengemeinden bewirtschaftete Friedhöfe. Andererseits hat sich die Grundstückskommission der Evangelischen Kirche Deutschland erst 1992 dafür ausgesprochen, dass die Kirchengemeinden die Trägerschaft für Friedhöfe beibehalten sollen. Sie sieht es als ihre kulturelle Aufgabe an, alte Friedhöfe und alte Grabanlagen zu erhalten.

Als theologisches Argument für die kirchliche Trägerschaft der Friedhöfe ließe sich anführen, dass die christliche

Lehre von der Auferstehung des Leibes ausgeht.

Das tatsächliche Engagement in Sachen Friedhof ist jedoch von Landeskirche zu Landeskirche ganz verschieden. Im Norden, in Schleswig-Holstein, Hamburg, Mecklenburg-Vorpommern, in Nordrhein-Westfalen ist es ausgeprägt. In diesen Bezirken besitzen und verwalten die Kirchengemeinden noch unzählige Friedhöfe. Auch in der kleinen Landeskirche Kurhessen-Waldeck und in Bayern ist das so. Im Südwesten der Republik sind fast alle Friedhöfe an die Kommunen übergeben worden. Die Gründe dafür reichen teilweise bis in napoleonische Zeit zurück, als viel kirchlicher Besitz in weltliche Hand überging.

Friedhöfe in kommunaler Hand

Heute ist die Verwaltung der Friedhöfe meistens Sache der Städte und Gemeinden. Laut Gesetz sind die Kommunen dazu verpflichtet und müssen für jeden Einwohner eine entsprechende Fläche zur Verfügung stellen. Mit der wachsenden Bevölkerung sind so neue Friedhöfe entstanden. Derzeit nimmt die Bevölkerung in den meisten Gemeinden wieder ab, sodass viele Friedhöfe sich als zu groß ausgelegt erweisen.

Aufgabe der Gemeinden ist es, die Würde der Ruhestätte zu sichern und für Hygiene und Sicherheit zu sorgen. Der Erhalt des Charakters alter Friedhöfe oder Kirchhöfe ist in ihrem Auftrag jedoch nicht näher definiert. In ausführlichen Satzungen, die sich an der Musterfriedhofssatzung des Deutschen Städte- und Gemeindebundes orientieren, regeln die Gemeinden jedes Detail der Friedhofsbewirtschaftung. Die Satzungen der Kirchengemeinden sind im Vergleich dazu sehr kurz gefasst und oft freizügiger. Zudem sind die Gebühren sehr viel niedriger, weil in den Kirchengemeinden viele Arbeiten ehrenamtlich erledigt werden. Wenn sich für den Dienst am Friedhof keine ehrenamtlichen Mitarbeiter mehr finden, müssen Kirchengemeinden die Friedhöfe schließlich an die Kommunen übergeben. Diese wiederum müssen kostendeckend arbeiten, was oft Gebührenerhöhungen nach sich zieht.

In den USA, den Niederlanden und anderen Ländern gibt es auch privat betriebene Friedhöfe. In Deutschland dürfen Friedhöfe bisher nur von Körperschaften des öffentlichen Rechts bewirtschaftet werden, nicht aber von Privatleuten. Es fragt sich, wie lange dieses Verbot noch Bestand hat und wann auch in Deutschland privat betriebene Friedhöfe genehmigt werden.

Konfliktfaktor Gestaltungsrichtlinien

Die Fülle von Vorschriften zur Grabgestaltung ist nicht immer leicht nachzuvollziehen. Rein rechtlich gesehen ist auch fraglich, wie eng die Gemeinden ihre Friedhofssatzungen fassen dürfen, denn eigentlich sind sie nur dazu verpflichtet, die Ruhestätten würdig zu gestalten, für öffentliche Sicherheit, insbesondere die Gesundheit, zu sorgen und den Wasserhaushalt zu regulieren. Wird durch die Richtlinien die Möglichkeit zu individueller Gestaltung stark eingeschränkt, kann durch-

aus einmal Unmut bei den Angehörigen laut werden. Die Bürger erwarten von ihren Gemeinden, dass sie zwischen den Interessen der Allgemeinheit und dem Recht des Einzelnen auf freie Entfaltung der Persönlichkeit abwägen.

Glücklicherweise wird das, was in der Satzung steht, nicht überall bis ins letzte i-Tüpfelchen umgesetzt, und seit einiger Zeit lockern sich vor allem in den Städten die Vorschriften generell. Während auf einigen Friedhöfen mit neonfarbenen Schildern auf jedes Abweichen von der Friedhofssatzung aufmerksam gemacht wird, geht man anderswo damit gelassener um. Ausschlaggebend ist oft der Ordnungssinn der Stadt- oder Gemeindearbeiter oder der Verantwortlichen bei den Kirchengemeinden.

Immer wieder hat es über die strengen Gestaltungsvorschriften rechtliche Auseinandersetzungen gegeben, beispielsweise wegen der Einfassungen, wegen der Höhe der Grabsteine oder wegen polierter Oberflächen. Nicht alle Angehörigen wollen sich solche Vorschriften gefallen lassen. Sie sehen nicht ein, dass sie einerseits hohe Gebühren für Genehmigungen und den Kauf des Nutzungsrechts bezahlen, aber andererseits keine Möglichkeit haben, Einfluss auf die Gestaltung des Grabes zu nehmen.

Vielen Angehörigen ist es ein Bedürfnis, bei der Grabgestaltung die Persönlichkeit des oder der Verstorbenen zum Ausdruck zu bringen. Bemerkenswerte Vorbilder für individuell gestaltete Gräber zeigen Steinmetze auf den Gartenschauen.

Manche Angehörigen möchten ihre eigenen Vorstellungen bei der Grabgestaltung einbringen oder die Persönlichkeit des Verstorbenen auf dem Grab zum Ausdruck bringen. Sie wollen die Lebensgeschichte erzählen, sie wollen Symbole und Bilder zeigen, und seien sie aus Emaille. Es ist ein natürliches Bedürfnis, ein Grabmal als ganz individuelles „Denkmal des Verstorbenen" zu sehen. Um diese Individualität zum Ausdruck zu bringen, muss man sich mit dem Verstorbenen auseinander setzen. Für viele Betroffene ist das gleichzeitig ein Akt der Trauerbewältigung.

Die Grabgestaltung scheint manchmal sogar Prestigesache zu sein – da setzen sich die Lebenden ein Denkmal und konkurrieren mit dem Nachbarn. Andere Angehörige nehmen die Möglichkeit, bei der Gestaltung mitzuwirken, nicht wahr. Sie möchten mit ihrem Grabmal auf dem Friedhof nicht zu sehr auffallen und wählen für den verstorbenen Angehörigen deshalb oft den Stein, den der Nachbar auch hat. Dabei gäbe es so viele Möglichkeiten individueller Gestaltung, die nicht teurer als die Massenware sind und die man nur nutzen müsste.

Sehr schöne und manchmal auch provokative Beispiele werden von Steinmetzen, Kunstschmieden, Holzbildhauern und Friedhofsgärtnern auf Gartenschauen präsentiert. Die dort gezeigten Mustergrabanlagen stoßen bei den Besuchern auf großes Interesse und bringen häufig angeregte Diskussionen in Gang.

Der multikulturelle Friedhof

Immer mehr Menschen aus fremden Kulturkreisen sterben in Deutschland und werden auch hier begraben. Es wird deshalb häufig diskutiert, ob für Moslems, Buddhisten und Angehörige anderer Religionen besondere Grabfelder reserviert werden sollten. In Frankfurt gibt es auf einem Friedhof ein spezielles Grabfeld und eine Trauerhalle für Mohammedaner, in der die Trauergäste bei Bestattungen nicht mit christlichen Symbolen konfrontiert werden. Die Toten können hier, so wie es der Koran gebietet, nach Mekka schauend beerdigt werden. Auf anderen Friedhöfen sind die Gräber von Moslems in die Grabfelder integriert. Die Moslem-Gräber sind oft von weitem an grün gestrichenen Stelen am Kopfende und gelegentlich auch am Fußende zu erkennen. Je ein Stein liegt am Fuß- und Kopfende des Grabs. Manchmal sind Suren aus dem Koran darauf geschrieben. Im Islam ist es üblich, die Gräber mit Steinplatten, mit Steinen oder mit Lehm abzudecken. Pflanzen auf dem Grab sind ein Zugeständnis an hiesige Begräbnissitten.

Eine Besonderheit sind von jeher die jüdischen Friedhöfe. Hier müssen die Steine auf Ewigkeit stehen bleiben. Es

An vielen Orten in Deutschland existieren jüdische Friedhöfe, oft in der freien Landschaft inmitten von Wiesen und Äckern. Die Grabmale bleiben auf Ewigkeit stehen.

Andere Kulturen, andere Begräbnissitten

Wie im Christentum und im Judentum hat der Totenkult auch in anderen Hochreligionen eine große Bedeutung. Im **Islam**, der wie das Christentum die Wiederauferstehung verkündet, gibt es ausschließlich Erdbestattungen. Die Gräber, die mit Steinen oder Steinplatten oder mit Ziegeln abgedeckt sind, dürfen nicht angetastet werden. Stelen aus Stein oder Holz schmücken das Kopf- und oft auch das Fußende. Auf alten türkischen Friedhöfen kann man zweierlei Stelenformen sehen: Männliche Verstorbene bekamen Stelen, die oben mit einem turbanartigen Gebilde verziert waren, bei den Frauen war es ein Palmettenmotiv. Islamische Gräber sind sehr formenreich. In Nordafrika sehen sie anders aus als in Zentralasien oder in Indonesien.

Im **Hinduismus** hat man eine völlig andere Einstellung zum Körper: Er ist nur die sterbliche und im Sinne der Wiedergeburt austauschbare Hülle. Üblich ist das Verbrennen der Verstorbenen auf Scheiterhaufen, möglichst an einem Flussufer. Die Asche wird ins Wasser gestreut. Dem Feuer und dem Wasser messen die Hindus reinigende Kraft zu. Das Wasser als Quelle des Lebens spielt überdies im Glauben an die Wiedergeburt eine Rolle. Regional werden von einigen Sekten auch Erdbestattungen durchgeführt.

Der **Buddhismus** ist eine sehr freie Religion, die den Menschen ins Zentrum stellt. Dementsprechend gibt es die unterschiedlichsten Begräbnisriten: Erdbestattungen, Einäscherungen, Beisetzungen außerhalb von Friedhöfen. In China und Indochina liegen die Grabstätten oft weit verstreut auf den Feldern, an Plätzen, die vom Priester bestimmt werden. Der Buddhismus bestimmt auch in Japan den Umgang mit den Toten. Der Ahnenkult verlangt, dass die Grabstellen auf Ewigkeit bestehen bleiben. Sehr oft liegen die Gräber in der Nähe von Tempeln oder Schreinen. In Tokio gibt es wegen der hohen Grundstückspreise hauptsächlich Urnengräber. Die Grabzeichen selbst sind den fünf Elementen Erde, Wasser, Feuer, Holz, Wind entsprechend fünfstufig aufgebaut.

In anderen Kulturkreisen herrschen völlig andere Begräbnissitten: bunt bemaltes Grabmal auf Madagaskar.

Nach dem Begräbnis wird das Grab zunächst aufgehügelt und vorläufig mit kurzlebigen Gewächsen bepflanzt. Erst wenn sich der Hügel gesetzt hat, kann der Grabstein gesetzt und die Grabfläche bepflanzt werden.

ist sehr beeindruckend, über einen alten israelitischen Friedhof zwischen den Reihen von unterschiedlich stark geneigten oder bereits umgefallenen Steinen hindurch zu gehen. Manchmal erobern Bäume das Terrain, Rasen bedeckt die Grabflächen. Viele jüdische Friedhöfe werden schon sehr lange nicht mehr belegt. Besonders eindrucksvoll sind die einsam, weit außerhalb der Ortschaften gelegenen Grabfelder.

In den großen Städten bewirtschaften die jüdischen Gemeinden auch neue Friedhofsanlagen. Hier fällt auf, dass die Gräber nur sparsam mit Pflanzen geschmückt sind, oft ist es nur eine kleine Schale. Die Grabsteine sind schlicht, häufig aus schwarzem Granit. Viele Gräber sind mit weißem Splitt bestreut. Auf den älteren Gräbern siedelt Mauerpfeffer. Hinter einigen Steinen steht ein Rosenstock. Größere Gehölze gibt es kaum.

Und wieder ganz andere Begräbnissitten herrschen bei den Sinti und Roma. Ihre Grabmale erkennt man schon von weitem. Es sind oft prächtige Denkmäler aus weißem Marmor wie in Karlsruhe auf dem Hauptfriedhof.

Bestattungsformen – traditionell und modern

In Deutschland gibt es einen Bestattungszwang. Särge und Urnen dürfen nur auf Friedhöfen beigesetzt werden. Eine Ausnahme bildet die Seebestattung nach der Einäscherung. Außerdem genießen adlige Familien das Privileg, in Familiengruften außerhalb des Friedhofsgeländes beerdigen zu dürfen.

In Skandinavien, den Niederlanden, den USA und in vielen anderen Ländern dürfen Angehörige nach einer Einäscherung die Urne mit nach Hause nehmen und auf dem Kaminsims aufbewahren oder die Asche im Garten verstreuen. In Deutschland mit dem sehr stark reglementierten Friedhofswesen ist das bisher undenkbar. Doch der Unmut in der Bevölkerung wird größer. Neue Bestattungsformen werden von den Bürgern eingefordert.

Die Ruhezeit

In den Friedhofssatzungen ist auch die Ruhezeit genau festgelegt. Je nach Gemeinde ist sie auf 15, 20, 25 oder 30 (selten 40) Jahre begrenzt. Wahl-

Grabarten, Größen und Nutzungsdauer

Grabart	Größe in m	Nutzungsdauer
Einstelliges Erd-Wahlgrab	1,2 x 2,5	15 bis 30 (40) Jahre, verlängerbar
Zweistelliges Erd-Wahlgrab	2,4 x 2,5	15 bis 30 (40) Jahre, verlängerbar
Erd-Kindergrab für Kinder bis zu 5 Jahren	0,9 x 1,5	15 bis 30 Jahre, in Einzelfällen verlängerbar, z.T. vom Sterbealter des Kindes abhängig
Erd-Reihengrab	1,1 x 2,2 bis 2,4	15 bis 25 (30) Jahre, nicht verlängerbar
Urnenwahlgrab	1,2 x 1,2	mehrere Urnen können bestattet werden, verlängerbar
Urnenreihengrab	1 x 1 m	nicht verlängerbar
Urnenwand (Kolumbarium)	Nische in Wand	20 bis 30 Jahre, verlängerbar
Urnen-Gemeinschaftsanlage	0,6 x 0,8 m	15 bis 25 Jahre, nicht verlängerbar
Rasengrab	Sarg 1 x 2,50 m Urne 1 x 1 m	15 bis 25 Jahre, teilweise verlängerbar
Anonymes Grab	in Rasenfläche	12, nicht verlängerbar

Anmerkungen: Die Nutzungsdauer ist von Gemeinde zu Gemeinde unterschiedlich festgelegt. Bei Wahlgräbern kann das Nutzungsrecht ein- oder mehrmals wieder erworben werden. Das Nutzungsrecht auf Dauer des Friedhofs ist in den meisten Gemeinden heute aufgehoben bzw. für besondere Persönlichkeiten reserviert.
Die Kosten schwanken von Gemeinde zu Gemeinde beträchtlich; die Angabe eines ungefähren Durchschnittswertes ist deshalb nicht möglich.

gräber können die Angehörigen nach dem Ablauf der Ruhezeit erneut kaufen, im Behördendeutsch heißt das „das Nutzungsrecht neu erwerben". Für Reihengräber gilt das nicht, denn sie werden, so wie sie der Reihe nach belegt worden sind, der Reihe nach auch wieder abgeräumt. Nach dem Ablauf der Ruhezeit werden die Angehörigen aufgefordert, das Grab abzuräumen. Der Grabstein ist ihr Eigentum, sie dürfen ihn mit nach Hause nehmen. Die Friedhofsarbeiter ebnen das Grab danach ein und säen Rasen.

Die Friedhofsverwaltungen weisen mit kleinen Schildern auf den Ablauf der Ruhezeit hin. Solche Schilder wirken für Außenstehende oft sehr befremdlich, vor allem wenn sie aus auffällig-buntem Material bestehen und in holprigem Amtsdeutsch auf das Ende der Ruhezeit hingewiesen wird. Aus der Sicht der Friedhofsverwaltung ist ein solches Vorgehen verständlich, denn kaum einem Angehörigen ist der genaue Ablauftermin der Ruhezeit be-

Erdbestattungen sind in unserem Kulturkreis seit Jahrhunderten üblich. Dieses normale Erd-Doppelgrab wurde pflegeleicht mit Buchsbaum 'Herrenhausen' und mit Erika bepflanzt.

kannt. Meistens haben die Angehörigen nichts gegen das Abräumen des Grabs einzuwenden. Es gibt sogar Fälle, in denen eine Familie das Nutzungsrecht vorzeitig zurückgeben möchte. Sie sollten sich dabei aber bewusst machen, dass mit dem Abräumen der Grabstätte das letzte Andenken an den Verstorbenen für immer verschwindet.

Mit Platzmangel lässt sich die strenge Einhaltung der Ruhezeiten auf vielen Friedhöfen nicht mehr begründen. Im Gegenteil, auf sehr vielen Friedhöfen werden Flächen frei. Probleme gibt es allenfalls in Gemeinden, in denen die Bevölkerung stark zunimmt. Generell sinkt der Flächenbedarf für Friedhöfe, weil es immer weniger Erdbestattungen gibt und statt dessen die Platz sparenden Urnenbestattungen zunehmen. Friedhofsneuanlagen und -erweiterungen sind deshalb kaum noch nötig.

Das Erdgrab

Bei uns in Deutschland ist – besonders in ländlichen Regionen – das Erdgrab die übliche Bestattungsform. Auf vielen Dorffriedhöfen findet man kein einziges Urnengrab, sondern nur lange Reihen von Erdgräbern. Diese sind als Einzelgrab, als Doppelgrab oder als großes Familiengrab angelegt.

Die Friedhofsverwaltungen kennen noch viel mehr Differenzierungen. So gibt es Doppelgräber, bei denen die

Grabstellen übereinander liegen. Und es gibt die großen alten Familiengräber mit wuchtigen Säulen und mit kleinen Gebäuden als Denkmälern. Der Friedhof in Kempten bietet Doppelgrabstätten in kleinen Gruppen an, die weit entfernt von anderen Gräbern liegen. Für diese Sonderstellung wird ein höherer Preis verlangt. Es gibt auch Gräber, die länger als das Normmaß sind. Ein solches Langgrab hat den Vorteil, dass der Sarg hier komplett eingesenkt werden kann. Bei den kürzeren Gräbern ragt der Sarg unter den Plattenbelag am Fußende. Wenn sich das Grab im Laufe der Jahre senkt, senkt sich der Plattenbelag gleich mit und es muss oft aufwändig für Ausgleich gesorgt werden. Auf vielen Friedhöfen kommt es heute nicht mehr darauf an, den Platz gut auszunutzen, sondern frei werdende Flächen zu füllen.

Auf manchen neu angelegten Friedhöfen werden die Särge in Betongruften versenkt. Diese Bestattungsform, bei der der Sarg nicht mit dem Erdreich in Berührung kommt, kann vor allem bei schwierigen Untergrund-Verhältnissen notwendig sein.

Das Urnengrab

In den Städten sind Urnengräber sehr verbreitet, da sich immer mehr Menschen für die Einäscherung entscheiden. In einigen Großstädten weisen die Statistiken seit einigen Jahren mehr Urnen- als Erdbestattungen aus. Urnengräber haben kleinere Abmessungen als die Gräber für die Erdbestattung. Sie messen als Reihengrab 1 × 1 m oder als Wahlgrab 1,2 × 1,2 m. Die Gebühren für ein solches Urnengrab sind wesentlich niedriger als für ein Erdgrab. Auch das Grabmal kostet viel weniger. Und der Pflegeaufwand ist nicht so groß. Andererseits fallen bei einer Urnenbestattung die Kosten der Einäscherung an, die je nach Krematorium sehr unterschiedlich ausfallen können. Noch günstiger sind Urnen-Reihengräber ohne Zwischenwege. Manche Städte bieten Urnen-Reihengräber mit Gemeinschaftspflege an, die günstiger ist als die Pflege eines einzelnen Urnengrabes. Bis zu 20 Einzelgräber liegen hier ohne Zwischenwege nebeneinander und erhalten eine einheitliche Grundbepflanzung mit Bodendeckern. Das Gesamtbild ähnelt dem Charakter eines Soldatenfriedhofs.

Die Seebestattung

Menschen, die eine besondere Beziehung zum Meer haben, entscheiden sich gelegentlich für eine Seebestattung. Früher mussten für diese Bestattungsform viele bürokratische Hürden genommen werden, heute gibt es keine Probleme mehr. Die Seebestattung setzt die Einäscherung voraus. Das Bestattungsunternehmen verschickt die Urne per Post an eine Seebestattungsreederei. Die Bestatter füllen die Asche in eine andere Urne um, die sich später auf dem Meeresgrund auflöst. Ein Schiff bringt die Urne an eine Stelle im Meer, an der nicht gefischt wird, meistens dorthin, wo der Meeresuntergrund felsig ist. Wollen die Angehörigen an der Beisetzung im Meer teilnehmen, berechnet die Reederei einen gesonderten Preis. Einige

Ein würdig gestaltetes Grabfeld mit Urnengräbern.

Reedereien bieten auch eine preisgünstige Sammelbestattung auf See an.

Kolumbarien

In den Mittelmeerländern findet man häufig Kolumbarien – senkrechte Mauern mit kleinen Nischen für einzelne Urnen. Die oberen Stockwerke dieser Kolumbarien erreicht man nur mit einer Leiter. Auf der kleinen Steinplatte, die diese Kammer abschließt, ist der Name des oder der Toten angebracht. Davor befestigen manche Angehörige kleine Vasen mit Plastikblumen, andere stellen Schalen an den Fuß der Urnenwand. Oft ist aber nicht einmal das Anbringen eines noch so kleinen Blumenschmuckes möglich. Diese Platz sparende und preisgünstige Bestattungsform gibt es auf unseren Friedhöfen erst vereinzelt. Doch es werden immer mehr dieser Urnennischenwände gebaut – sehr zum Missfallen der Friedhofsgärtner und der Steinmetzen, die in dieser Entwicklung eine Gefährdung ihrer beruflichen Existenz sehen.

Am Beispiel der Kolumbarien wird der Widerstreit der Interessensgruppen auf dem Friedhof besonders deutlich. Auf der einen Seite stehen die Gewerke, die Gärtner und Steinmetze, die mit Grabpflege und Grabsteinen ihren Lebensunterhalt verdienen, auf der anderen Seite stehen die Angehörigen und Gemeinden, die den Pflegeaufwand der Begräbnisstätte möglichst gering halten möchten.

Leider werden viele solcher Urnennischenwände einfallslos gebaut, und mit den vielen Plastikblumen wirken sie immer ein wenig vernachlässigt. Es gibt jedoch auch architektonisch ansprechende Kolumbarien. Auf dem Friedhof in Künzelsau-Kocherstetten beispielsweise steht ein attraktives Kolumbarium als gemauerte, geschwungene Wand aus Muschelkalksteinen auf der freien Fläche. Eine besonders schöne, klassisch anmutende Anlage wurde auf dem Waldfriedhof in Singen am Hohentwiel errichtet. Auf dem Friedhof Hamburg-Ohlsdorf ist das Kolumbarium in eine Kapelle integriert.

Kolumbarien zur Urnenbestattung gibt es nach dem Vorbild südlicher Länder seit einiger Zeit auch in deutschen Großstädten.

Anonyme oder namenlose Grabfelder

Eine weitere Bestattungsform, für die sich immer mehr Menschen entscheiden, sind anonyme Urnen- oder Erdgräber. Im Norden ist der Anteil der anonymen Bestattungen höher als im Süden, in den Städten höher als in ländlichen Regionen. In Schwäbisch Hall in einer ländlich geprägten Umgebung lag der Anteil zu Beginn der 1990er-Jahre bei zwei bis drei Prozent, in nur zehn Jahren ist er auf zehn Prozent angewachsen und die Tendenz ist steigend.

Bei der anonymen Urnenbestattung wird das Gefäß innerhalb eines markierten Bereiches in den Boden gesenkt oder in einen tiefen Betonschacht eingelassen. Nur Rasen bedeckt später die Stelle, der genaue Beisetzungsort ist nicht zu erkennen. Damit der Name der anonym Bestatteten nicht ganz verschwindet, wird er auf manchen Friedhöfen an anderer Stelle festgehalten. Auf dem Waldfriedhof in Schwäbisch Hall steht zum Beispiel eine über 3 m hohe Stele aus rotem Sandstein, in die die Namen der Verstorbenen eingemeißelt werden. Das Grabfeld für die anonymen Erdbestattungen markiert auf diesem Friedhof eine Skulptur.

Anonymes Grabfeld auf dem Waldfriedhof in Schwäbisch Hall. Die Ecken aus Buchsbaum markieren die Grenzen des Grabfeldes, in dem die Urnen versenkt werden.

Viele Menschen entscheiden sich für die anonyme Bestattung, wenn sie keine Angehörigen haben, die sich um

Dem Andenken bekannter Frauen, die in Hamburg gewirkt haben, ist der „Garten der Frauen" auf dem Ohlsdorfer Friedhof gewidmet.

Friedhöfe der Namenlosen
Auf den Nordseeinseln Sylt, Amrum, Pellworm, Neuwerk und Spiekeroog hat man auch den Opfern der See würdige Grabstätten eingerichtet. Auf diesen „Friedhöfen der Namenlosen" liegen Ertrunkene begraben, die am Strand geborgen wurden und nicht identifiziert werden konnten. Einfache Holzkreuze markieren die Gräber. Heute werden diese Friedhöfe nicht mehr benutzt, man bestattet die namenlosen Toten auf den allgemeinen Friedhöfen.
Wesentlich älter ist der kleine Friedhof auf der Insel Neuwerk vor Cuxhaven. Er wurde bereits 1319 erwähnt und steht heute unter Denkmalschutz.

die Grabstätte kümmern können. Manche entscheiden sich auch aus Kostengründen für die anonyme Bestattung, da hier die zwölfjährige Ruhefrist wesentlich weniger kostet, je nach Gemeinde derzeit 250,– bis 1000,– €. In manchen Fällen bedauern die Angehörigen die Entscheidung für diese Begräbnisform im Nachhinein. Eine anonyme Beisetzung erfolgt ohne Trauerfeier und ohne Beteiligung der Angehörigen. Es zeigt sich immer wieder, dass Verwandten und Freunden die Trauerbewältigung in solchen Fällen schwerer fällt. „Trauer braucht einen Ort", sagen die Psychologen, einen Ort, an dem die Angehörigen ein Gebet sprechen, stille Zwiesprache mit dem Verstorbenen halten oder Blumen niederlegen können. Auf einem anonymen Grabfeld ist ihnen diese Möglichkeit genommen. Die Blumensträuße, die hier abgelegt werden, zeugen von dem Bedürfnis der Angehörigen, ihre Trauer auszudrücken.

Manche Gemeinden legen anonyme Grabfelder für tot geborene Kinder an. Hier werden die Urnen mit der Asche von tot geborenen Kindern und von Fehlgeburten begraben. Die Eltern bezahlen für die Beisetzung in dieser Form einmalig etwa 50,– €. Auf dem Neuen Friedhof in Offenbach am Main steht auf dem „Hain der Ungeborenen" ein Gedenkstein mit einem Text von Antoine de Saint-Exupéry: „Wenn Du bei Nacht den Himmel anschaust, wird es Dir sein, als lachten alle Sterne, weil ich auf einem von ihnen wohne, weil ich auf einem von ihnen lache. Du allein wirst Sterne haben, die lachen können."

In Hamburg entsteht derzeit mit dem „Garten der Frauen" ein spezieller Friedhof für Frauen, die die Geschichte der Hansestadt mit geprägt haben. Denn die Leistungen von Frauen, so die Initiatorin Rita Brake, würden schon zu Lebzeiten oft nicht genügend gewürdigt und nach dem Tod werden sie schneller vergessen als die Männer.

Die Friedwald-Bewegung

Im Ausland finden wir Beispiele für andere Bestattungsformen, die sich eines Tages vielleicht auch bei uns etablieren könnten. Auf schottischen Friedhöfen gibt es naturnahe Grabfelder, so genannte „Woodland Burial Graves". Dort sind die Gräber in eine mit heimischen und standortgerechten Gehölzen bepflanzte Umgebung eingebettet. Die Grabstelle selbst ist nicht erkennbar. Lediglich ein Grabdenkmal, das an anderer Stelle steht, weist auf den Verstorbenen hin.

Eine ganz ähnliche Möglichkeit besteht auf der Alp Spielmannda in der Schweiz im Freiburgerland. Hier wird mitten in der Natur die Asche von Verstorbenen in 50 cm Tiefe unter Alpenrosenbüschen begraben. Ein ebenfalls eingegrabener Messingtaler mit Angaben zum Verstorbenen markiert als „Grabzeuge" die Stelle. Es gibt weder andere Grabzeichen noch eine besondere Bestattungszeremonie.

Ein ähnliches Konzept verfolgt die Friedwald-Bewegung, die seit einigen Jahren starkes Interesse in der Öffentlichkeit genießt. Ein Friedwald ist etwas völlig anderes als ein Waldfriedhof. Unter Bäumen wird hier die Asche des Körpers beigesetzt, die letzten sterblichen Überreste gehen so einfach wieder in den Naturkreislauf ein. Die Idee hat ihren Ursprung in der Schweiz, wo bereits etwa 20 Friedwälder existieren und weitere angestrebt werden. Friedwälder sind ganz normale Wälder in Privatbesitz. Das Baumgrab wird in das Grundbuch der zuständigen Gemeinde eingetragen, dadurch ist garantiert, dass das Grab bis zu 99 Jahre lang existiert. Beim Begräbnis im engen Kreis der Familie und der Freunde wird die Asche aus der Urne in den Wurzelbereich eines Baumes gestreut. Es ist auch möglich, gleichzeitig mit der Beisetzung einen jungen Baum zu pflanzen. Lediglich eine kleine Tafel oder ein Schild mit dem Vornamen erinnert daran, dass hier ein Mensch beigesetzt ist.

Die Vorstellung von einem Baumgrab scheint naturverbundene und unkonventionell denkende Menschen anzusprechen, immerhin ist das Gästebuch auf der Internetseite der Friedwald-Bewegung voll von begeisterten Zuschriften. Die Kosten für die Beisetzung in einem Friedwald sind jedoch beträchtlich und richten sich nach der Größe des Baumes. Das teuerste Begräbnis bisher unter einer Trauerweide hat rund 10 000,– € gekostet, 3200,– € war der Preis für die preiswerteste Variante. Das ist ein stolzer Betrag, doch er ist niedriger als die Kosten für ein herkömmliches Grab mit Bestattungsgebühren, Grabstein und Dauergrabpflege. Interessenten können sich die Bäume, unter denen sie begraben sein möchten, an Ort und Stelle im Wald aussuchen oder sie wählen ihren Platz über das Internet aus. Die meisten entscheiden sich für eine Eiche. Dieser einheimische Baum symbolisiert Beständigkeit und Langlebigkeit; zu ihm besitzen viele Menschen eine starke emotionale Bindung. Ihnen ist es ein beruhigender Gedanke, dass sie wenigstens mit ihren Körperstoffen in einem anderen Lebewesen fortbestehen und – wer weiß? – Partikel von ihnen in einem Eichenblatt oder in Tannenzapfen wieder lebendig werden.

Im November 2001 wurde im nordhessischen Reinhardswald der erste deutsche Friedwald eröffnet. Das Forstamt Reinhardshagen hat dafür ein 160 ha großes Waldstück mit alten Eichen bereit gestellt. Ein anderer Friedwald existiert in Michelstadt im Odenwald; weitere Friedwälder sind geplant. Es hat lange gedauert, bis diese Form der Bestattung in Deutschland möglich wurde. Grundsätzlich herrscht jedoch immer noch der Friedhofszwang, die Beerdigung außerhalb von Friedhöfen ist mit wenigen Ausnahmen nicht gestattet. Doch das strenge Reglement lockert sich derzeit unter dem Druck der öffentlichen Meinung. Vielleicht wird es auch bei uns eines Tages private Betreiber von Friedhöfen geben, vielleicht auch die Möglichkeit, die Urne mit der Asche eines Angehörigen mit nach Hause zu nehmen.

Auseinandersetzung mit neuen Tendenzen

Die Friedhofsleiter in Deutschland wissen, dass sie die Bedürfnisse und Strömungen in der Bevölkerung nicht ignorieren können. Sie akzeptieren die Bürger immer mehr als Kunden und versuchen die Kunden an sich zu binden, indem sie auf deren Wünsche eingehen. Das wird umso wichtiger, wenn die Friedhöfe sich in Zukunft wie Wirtschaftsbetriebe selber finanzieren müssen. Das heißt, dass die Gebühren für die Formalitäten rund ums Grab für das Bewirtschaften der Anlage ausreichen müssen. Rein betriebswirtschaftlich gesehen gibt es auf den Großstadtfriedhöfen zur Zeit zu wenig Beisetzungen. Das liegt zum Teil an der demografischen Entwicklung. Viele Männer, deren natürliche Lebenserwartung jetzt erfüllt wäre, sind schon im Zweiten Weltkrieg gestorben. In den großen Städten nimmt die Sterberate ab. Dafür gibt es in den Umlandgemeinden mehr Beisetzungen. Die Kommunen als Friedhofsträger wollen aus der Not heraus die Bindung der Bevölkerung an die Friedhöfe stärken. Diskutiert wird derzeit darüber, die Friedhöfe zu Erlebnisräumen, zu Orten der Erholung und Kommunikation umzugestalten – mit Cafés, Freilichtbühnen, Fahrradwegen, Naturerlebniswegen und Kinderspielplätzen. Naturschutzgruppen laden zum Beispiel in Hamburg zu vogelkundlichen Wanderungen auf Friedhöfen ein. Manche Friedhöfe machen im Internet mit zum Teil sehr aufwändig und informativ gestalteten Seiten auf sich aufmerksam.

Friedhofskultur im Umbruch

Die Einstellung der Menschen zum Begräbnis und zum Friedhof ist im Umbruch. Kritisch denkende, moderne Menschen können mit der alten Symbolik, mit dem unverständlichen Reglement und der Bürokratie auf den Friedhöfen nichts anfangen. Sie suchen nach neuen Begräbnisformen und nach neuen Begräbnisritualen. Sie wollen ihre Persönlichkeit einbringen und die Persönlichkeit des oder der Verstorbenen nach außen hin deutlich machen. Heutzutage ist es keineswegs mehr selbstverständlich, dass ein Geistlicher am Grab steht. Immer häufiger halten private Trauerredner die Grabansprache. Angehörige und Freunde gestalten selbst die Trauerfeierlichkeiten. Die Menschen suchen nach neuen Wegen, sich mit Sterben, Tod und Trauer auseinander zu setzen.

Das betrifft nicht nur die Gestaltung der Trauerfeier, sondern auch den Sarg oder die Urne. Die herkömmlichen Särge in rustikalem Eichen-Design finden junge Menschen zu altmodisch, ebenso die traditionellen Requisiten. Allmählich entdecken Designer die Domäne der Bestattungsinstitute. Sie entwerfen unkonventionelle Särge, Urnen, Sargtücher und andere Beisetzungsaccessoires. Neue Ideen kommen aus dem Ausland, aus Spanien zum Beispiel die Idee der Begräbnissänfte und der bunt bemalten Särge. Auch bei den Urnen wird mit anderen Materialien als dem bisher üblichen Zink experimentiert. Neu gestaltete Urnen bestehen aus anderen, zum Teil verrottbaren Materialien. Die Skandinavier bauen Urnen aus Holz in der Form kleiner Häuschen. Zweifellos wird sich in Zukunft das Design rund um die Bestattung ändern, die Vielfalt wird größer werden.

Die Künstler sind der Realität im Bestattungswesen weit voraus: Die hier abgebildete Sicht-Urne, die die Asche Verstorbener enthalten könnte, ist nach den derzeit gültigen Verordnungen nicht gestattet.

Virtuelle Friedhöfe

Selbst das Internet ist als Bestattungsort schon entdeckt worden. Menschen, die der Tradition verhaftet sind, mag das zunächst absurd erscheinen. Doch vielleicht wird diese Form des Erinnerns für nachfolgende Generationen ganz selbstverständlich sein. Hier können für jedermann nachlesbar Lebensläufe des oder der Verstorbenen eingespeichert sein, Schriftliches, Bilder – ganz individuell wie eine Internetseite gestaltet. Andere Initiatoren geben Hintergründe vor, Modelle von Grabsteinen, auf denen dann virtuell der Name eingespiegelt wird.

Einige amerikanische Anbieter eines virtuellen Friedhofs bieten Trauernden das seelsorgerische Gespräch in Chat-Rooms an. Andere betrachten den Internet-Friedhof kommerziell und verlangen für die Eintragung Gebühren.

Bisher nutzen erst wenige die Internet-Friedhöfe. Doch das kann sich ändern, denn viele Internet-Nutzer sind einfach noch zu jung zum Sterben.

Zeichen setzen

Viele Menschen gehen gerne auf Friedhöfe. Bei meinen Friedhofsbesuchen begegne ich Männern und Frauen, Jungen und Alten, manche wie ich mit einem Fotoapparat in der Hand. Sie wollen kein bestimmtes Grab besuchen, ihnen gefallen die alten Grabmale mit den Marmorengeln, sie interessieren sich dafür, welche berühmten Persönlichkeiten begraben sind, sie spüren dem Individuellen nach.

Das Grabmal aus Stein ist ein uraltes Erinnerungszeichen. Es rettet ein wenig Geschichte aus der Vergangenheit in die Zukunft. Die Pyramiden in Ägypten, die Hünengräber und Menhire der Kelten zeugen davon. Der Stein steht für Dauerhaftigkeit, für Unerschütterlichkeit. Grabmale aus Stein sollen bis in Ewigkeit existieren.

Schmiedeeiserne Kreuze sind traditionsgemäß in Österreich, in Tirol und den grenznahen Gebieten verbreitet. Grabmale aus Gusseisen wurden im 19. Jahrhundert häufig aufgestellt. Grabmale aus Holz sind vergänglich. In manchen Regionen Bayerns und gelegentlich in der Schweiz stehen auf den Friedhöfen Holztafeln, die so genannten „Totenbretter". Vereinzelt finden sich künstlerisch gestaltete Grabmale aus Keramik.

Vielerorts werden die Familiengräber über Generationen immer wieder neu belegt. So ist es nahe liegend, neben dem alten Grabmal ein neues zu setzen, das bei diesem Beispiel aus Metall gearbeitet ist.

Grabmale – früher und heute

Grabsteingestaltung vor dem Industriezeitalter

Kreuze, Tafeln oder Sarkophage aus Stein kennzeichnen schon sehr lange die Grabstätten. Ein sehr schönes Beispiel für einen alten Friedhof ist der Johannisfriedhof in Nürnberg. Lange Reihen sarkophagartiger Grabmale gruppieren sich um die Kirche.

Bis zur industriellen Revolution konnte sich die einfache Bevölkerung auf dem Land nur schlichte Holzkreuze leisten. Allenfalls Adlige, kirchliche Würdenträger und reiche Bürger bekamen kunsthandwerklich gestaltete steinerne Denkmale. Besonders begehrt war ein Grabplatz in der Nähe

Alte Grabstätten erhalten

Oft ist es bedauerlich, wenn schöne alte Gräber abgeräumt werden. Nach Möglichkeiten, sie zu erhalten, wird meist gar nicht gesucht. Aus der Sicht mancher Friedhofsverwaltungen stören solche alten Grabstätten auf einem Friedhofsfeld nur bei der effizienten Bewirtschaftung. Dabei machen gerade diese alten Stätten einen Friedhof interessant. Künstlerisch gestaltete Grabmale kann man eventuell unter Denkmalschutz stellen lassen und so über die Ruhezeit hinaus erhalten. Generell steht aber nur Ehrenbürgern das ewige Ruherecht zu, etwa ehemaligen Bürgermeistern oder Persönlichkeiten, die sich um die Gemeinde verdient gemacht haben. In solchen Fällen übernimmt die Gemeinde die Pflege.
Viele Menschen empfinden es als Verlust, dass die schönen alten Grabstätten verschwinden. Auf manchen ländlichen Friedhöfen geschieht das sehr schnell, anderswo geht man zum Glück sorgsamer mit ihnen um. Auf städtischen Friedhöfen fallen die vielen alten Familiengräber aus dem 19. und frühen 20. Jahrhundert auf. Oftmals sind ganze Familiendynastien hier begraben. Schöne Beispiele gibt es auf dem Pragfriedhof in Stuttgart, auf dem Hauptfriedhof in Frankfurt, auf dem Melatenfriedhof in Köln, auf dem Ohlsdorfer Friedhof in Hamburg. Besonders berühmt geworden sind der Wiener Zentralfriedhof und der Pariser Friedhof Père Lachaise.

Doch auch diese alten Grabstätten müssen gepflegt und erhalten werden. Den Städten und Gemeinden steht dafür nur wenig Geld zur Verfügung. Oft sind keine Angehörigen mehr da, die sich um die Erhaltung kümmern könnten. Spätestens wenn die alten Grabmale umzukippen drohen, werden sie abgeräumt.
An Geschichte und Kultur interessierte Privatleute versuchen in manchen Städten, diese Entwicklung aufzuhalten. Sie gründen Initiativen, übernehmen Patenschaften, um die alten Grabstätten zu retten. In Großstädten wie Hamburg, Köln und Frankfurt fördern die Friedhofsverwaltungen solche Bestrebungen. Einzige Bedingung bei einer solcher Patenschaft ist, dass die Bürger die Kosten für die Restaurierung der Grabmale übernehmen. Die Paten erwerben die Nutzungsrechte für die Grabstätte, und sie können sich auf diesen alten Grabstellen selbst beerdigen lassen. Doch darum geht es diesen Menschen nicht hauptsächlich, sie wollen vor allem altes Kulturgut vor dem Verfall bewahren.

Einige Steinmetze nehmen sich mit viel Engagement der Restaurierung alter Skulpturen an. Beispielsweise auf dem alten Au-Friedhof in Bad Säckingen wurden schon 100 Gräber mit ihren Denkmalen restauriert, unter anderem ein wunderschöner Engel – eine 2 m hohe Figur aus französischem Kalkstein auf einem Sandsteinsockel. Der Bildhauer musste fehlende Teile mit viel handwerklichem Geschick anfügen, mit einer Technik, die den Fertigkeiten eines Zahnarztes ähnelt. Der Friedhof steht seit 1993 unter Denkmalschutz und wird ehrenamtlich von einer dreißigköpfigen Projektgruppe betreut.

Eine Seltenheit auf deutschen Friedhöfen ist dieser über 200 Jahre alte, denkmalgeschützte Grabstein von Pfarrer Johann Friedrich Mayer, der am ursprünglichen Begräbnisort erhalten geblieben ist.

des Altars – vorzugsweise innerhalb der Kirche, aber auch auf dem Kirchhof. In traditionsverhafteten ländlichen Gemeinden sind diese Plätze auch heute noch die begehrtesten. Die Grabplatten aus Sandstein wurden aufwändig behauen und die Lebensgeschichten eingemeißelt. Diese wertvollen alten Steine oder Epitaphien, wie die Historiker sie nennen, werden oft an der Kirchenmauer oder an der Friedhofsmauer aufgestellt. Besonders wertvolle Steine werden aufgearbeitet und kommen ins Innere der Kirche oder der Kapelle. Leider verwittert Sandstein sehr schnell. Durch den Einfluss von Frost und Wasser bröckeln immer wieder Teile ab, Flechten und Moose siedeln sich darauf an. Sandstein lässt sich zwar bis zu einem gewissen Maß konservieren und restaurieren, doch das ist eine aufwändige und teure Prozedur, die die Steinmetze nur bei wertvollen Steinen anwenden.

Grabmale der Industrialisierung und der Gründerzeit

Seit etwa 1800 ist das gekennzeichnete und geschmückte Grab üblich. Darin drückt sich eine andere Haltung der Menschen zum Tod aus: Es ging nicht mehr ausschließlich um die Verstorbenen, sondern auch um die Hinterbliebenen, die sich durch das Grabmal selbst darstellen wollten. Diese Entwicklung führte von den schlichten Grabzeichen zu einer Vielfalt von teilweise sehr aufwändigen Grabmalen, wie sie heute noch auf den großen Friedhöfen der Städte zu sehen sind: Wohlhabende Bürger ließen sich protzige Denkmäler aufs Grab setzen. Sie bevorzugten schwarz polierten Granit und weißen Marmor. Es entstanden Paläste im Kleinformat, bewacht von marmornen Engelsgestalten. Solche Grabmale aus der Gründerzeit, die heute noch existieren, ähneln manchmal kleinen Festungen, umzäunt von schweren Eisenketten. Das Steinmetzhandwerk profi-

Auf städtischen Friedhöfen sind oft prächtige Grabmale aus dem 19. Jahrhundert erhalten geblieben. Sie stehen unter Denkmalschutz.

WILHELM TREBAU
GEB. 10. MÄRZ 1851. GEST. 16. JUNI

tierte sehr von dieser Entwicklung und entwickelte ausgefeilte Techniken. Wer nicht so viel Geld hatte, konnte sich Grabmale in der Galvano-Gusstechnik (mit Bronze ummantelte Gipsfiguren) fertigen lassen. Denkmäler aus Steinguss waren ebenfalls sehr verbreitet. Vereinzelt steht noch ein knorriger Baumstamm oder eine Palme, die in dieser Technik hergestellt worden sind. Nach und nach wurden die Grabsteine maschinell in Serie gefertigt, dadurch immer billiger und für jedermann erschwinglich.

Grabmale des 20. Jahrhunderts

Nach Gründerzeit und Jugendstil mit ihren klassischen und organischen Formen änderte sich der Stil der Grabmale. Nach dem Ersten Weltkrieg wurden die Steine schlichter. Kantige, schwarz polierte Steine wurden modern, die eingemeißelten Schriften golden eingelassen. Die Steinmetze importierten die dunklen Granitsteine aus Nordschweden oder aus Afrika und grau-schwarz gesprenkelten Labrador aus Norwegen. Gehalten hat

Schaugräber auf einer Ausstellung. Vom Steinmetz individuell gearbeitete Grabmale sind auf den Friedhöfen eher selten.

sich diese Art von Grabmal bis über die Mitte der 1960er-Jahre hinaus. Dann folgte eine kurze Phase, in der Natursteine, behauene Steine oder Findlinge weit verbreitet waren. Und danach kamen die Steine aus Asien, aus Indien, China und Korea, die man an ihrer bunten Zeichnung erkennt. Heute steht auf den Friedhöfen – vor allem auf den städtischen – eine große Vielfalt an Steinen in allen möglichen Farben und Formen. Der Pluralismus in der Gesellschaft spiegelt sich auch in der Art der Grabsteine wieder. Andererseits gibt es aber auch einen Trend zur Uniformierung. Viele Steine sind Massenware, in immer gleichen Formen und verziert mit immer gleichen Symbolen. Auf ländlichen Friedhöfen, auf denen nur wenige Steinmetze arbeiten, ähneln sich die Grabsteine auffallend.

In Gegenden, in denen der Muschelkalk ansteht, bietet es sich an, dieses Gestein als Grabmal zu verwenden.

Vielfalt der Steine

Früher war es in ländlichen Gegenden üblich, den anstehenden Stein aus der Umgebung für die Grabsteine zu verwenden. Der Transport der Steine aus einer anderen Gegend wäre viel zu teuer gewesen. In der eiszeitlich geformten norddeutschen Tiefebene und im Alpenvorland gibt es keine Steinbrüche, nur Findlinge aus den von der Eiszeit übrig gebliebenen Endmoränen. In diesen Gebieten wurden deshalb für die Grabmale andere Materialien verwendet: Gusseisen oder Schmiedeeisen. Und so hatten die Friedhöfe je nach Gegend und je nach vorhandenem Stein im Untergrund ein unterschiedliches Gepräge. Da gibt es den Sandstein, den Muschelkalk, den Gneis, den Granit. Heute allerdings können Friedhofsbesucher kaum noch anhand der Grabsteine auf Gesteinsvorkommen in der Gegend schließen. Es herrscht ein buntes Materialgemisch, ein Stelldichein von Steinen aus aller Welt.

Natursteine für Grabmale

Aus Natursteinen mit ganz unterschiedlichen Eigenschaften fertigen anspruchsvolle Steinmetze und Bildhauer wunderschöne Grabdenkmale.

Granit
Granit ist ein sehr hartes Gestein. Naturbelassen erscheint seine Oberfläche rau und glänzend. Sehr oft wird er po-

liert und glänzt dann stark. Granit ist vor Urzeiten durch Erstarrung aus der Magma-Masse im Erdinneren entstanden. In Deutschland bestehen nur einige Gebirgszüge aus diesem Untergrundsgestein. So gibt es Granit-Steinbrüche im Schwarzwald, im Odenwald, im Bayrischen Wald, im Böhmerwald, im Fichtel- und Erzgebirge und im Harz.

An vielen anderen Orten auf der Welt wird Granit abgebaut. Wahrscheinlich ist Granit das am häufigsten verwendete Material für Grabmale. Die Steine stammen aus Nordschweden (schwarz und rot), aus dem norwegischen Labrador (schwarz), aus Spanien und Portugal, aus Indien, China und Korea (bunt gescheckt). Früher wurden Granit-Grabsteine auch aus Angola und anderen afrikanischen Ländern importiert, doch wegen der vielen Bürgerkriege auf diesem Kontinent gibt es dorthin kaum noch Handelskontakte.

Basalt, Gabbro, Quarzporphyr
Basalt, Gabbro und Quarzporphyr sind ebenfalls Vulkangesteine. Basalt kommt in Deutschland nur im Vogelsberg, in der Eifel, im Westerwald, in der Rhön und am Kaiserstuhl vor. Gabbro steht im Harz an, Quarzporphyrvorkommen gibt es in Sachsen und im Thüringer Wald.

Gneis
Der feinkörnige Gneis ist noch härter als Granit. Er ist in erdgeschichtlicher Frühzeit durch hohe Temperatureinwirkung und durch Druck aus Vulkan- und Sedimentgestein entstanden. Geradezu berühmt für seine Gneisvorkommen ist das Tessin. Da gibt es den Calanca-, den Cresciano-, den Iragna-, den Onsernone- und den Maggia-Gneis. Auch In Deutschland wird Gneis in einigen Gebirgslagen abgebaut. In den 1960er- und 1970er-Jahren wurden viele Grabsteine aus diesem feinkörnigen, grau gesprenkelten Material gefertigt. Auch grüner Gneis ist früher gelegentlich verarbeitet worden. Zurzeit ist Gneis als Material für Grabsteine etwas außer Mode gekommen.

Quarzit
Berühmt und berüchtigt für seine schwierige Bearbeitung ist bei den Steinmetzen der Odenwälder Quarzit. Er lässt sich nicht mit Hammer und Meißel bearbeiten, dafür ist er viel zu hart. Man kann ihn lediglich mit der Säge bearbeiten – und dabei sprühen die Funken. Anders als die anderen Steine wird er nicht in Steinbrüchen abgebaut, vielmehr wird er gefunden. Oft bearbeiten die Steinmetze den Stein nicht weiter, sondern setzen ihn als Findling aufs Grab – ein mächtiger und ausdrucksstarker Grabschmuck.

Kalkstein
Im Gegensatz zu den bisher genannten Hartgesteinen gehören Kalksteine zu den weichen Gesteinen. Sie lassen sich gut mit Hammer und Meißel bearbeiten. Bekannt sind die Kalksteine aus dem Fränkischen Jura, zum Beispiel aus Treuchtlingen, Kelheim, Solnhofen und Eichstätt. Ein sehr schönes Material mit mattem Glanz sind Kalksteine aus dem Französischen Jura und aus Burgund. Kalksteine stammen auch aus spanischen Steinbrüchen.

Muschelkalk
Handwerklich arbeitende Steinmetze schätzen Muschelkalk. Er hat eine ausdrucksstarke Oberfläche und wirkt eher kantig. Muschelkalk ist nichts für Menschen mit ausgeprägtem Sauberkeitssinn, denn in seinen Poren setzt sich Staub ab. Im Laufe der Zeit siedeln sich Moose und Flechten an. Fachleute erkennen im Anschnitt, aus welchen Lebewesen sich der Stein gebildet hat. Deutlich erkennbar sind zum Beispiel die „Bonifatius-Pfennige", das sind die durchschnittenen Glieder einer versteinerten Seelilie. Muschelkalk variiert je nach Herkunft in der Farbe. Normalerweise ist er hell- bis mittelgrau wie der Crailsheimer Muschelkalk, manchmal auch gelblich wie der Kirchheimer Muschelkalk aus der Gegend um Würzburg. Mit einem solchen Stein lässt sich die Verbundenheit mit der Gegend ausdrücken.

Eine Sonderform des Muschelkalks ist der Travertin, der zum Beispiel in Stuttgart-Bad Cannstatt abgebaut wird. Mit seinen Höhlungen ergibt sich eine interessante, durchbrochene Oberflächenstruktur, die allerdings recht witterungsempfindlich ist.

Sandstein
Sandstein ist in Deutschland weit verbreitet. Da gibt es den Buntsandstein, den Keupersandstein und den Kreidesandstein. Sandstein ist ein sehr vielgestaltiges Material. Je nach Herkunft kann seine Farbe erheblich variieren, er kann rot, gelb, grau, grau-braun oder grünlich sein. Fachleute können anhand der Farbe seinen Ursprung bestimmen. Da gibt es den Roten Mainsandstein, den Roten Pfälzer

Das Grabmal und die Grabeinfassung wurden aus Neuensteiner Sandstein gefertigt. Die Bepflanzung mit Gehölzen, Stauden und Saisonblumen ist perfekt darauf abgestimmt.

Sandstein, den Roten Eifelsandstein und den Roten Wesersandstein.

Sandstein lässt sich sehr gut bearbeiten, ist aber sehr anfällig für Verwitterungen. Frost und Wasser setzen ihm sehr zu. Mit speziellen Mitteln lässt er sich bis zu einem gewissen Grad konservieren.

Marmor
Marmor ist durch hohen Druck aus hochprozentigen Kalksteinen entstanden und kommt fast überall auf der Welt vor. Berühmt ist der weiße Carrara-Marmor aus Italien. Aus ihm haben viele Generationen von Künstlern wunderschöne Skulpturen gemeißelt. Weiße Grabsteine werden häufig aus griechischem oder türkischem Marmor gefertigt. Dieser Marmor wirkt in Mitteleuropa immer etwas fremdartig. Er braucht die Sonne südlicher Länder, um seine natürliche Ausstrahlung entfalten zu können. In Deutschland gibt es auch einige Marmorvorkommen:

Grabsteine und ihre Eigenschaften

Gesteinsart	Herkunft	Farbe	Eigenschaften
Granit	Schwarzwald, Böhmerwald, Fichtelgebirge, Belgien, Schweden, Norwegen, Indien, China	grau, schwarz, rot, gesprenkelt, marmoriert	lässt sich mit allen Steinmetzmethoden bearbeiten und polieren
Basalt	Vogelsberg, Eifel, Rhön, Westerwald, Kaiserstuhl	grau, graublau bis schwarz	hart, glatte, glänzende Oberfläche, Rutschgefahr bei Feuchtigkeit
Diabas	Hessen	dunkel, grau bis schwarz, mittelkörnig	ähnlich wie Granit
Gabbro	Harz, bei Dresden	grau, grauschwarz bis grünlich, fein- bis mittelkörnig	ähnlich wie Granit
Gneis	Tessin	hell- bis dunkelgrau	feinkörnig
Quarzit	Odenwald	kristallin, farbige Strukturen	sehr hart
Kalkstein	Fränkischer Jura, Frankreich	hell, weiß, cremefarben, hellbeige	gut zu bearbeiten
Muschelkalk	um Würzburg, Hohenlohe, Frankreich	hellgrau, gelblich	gut zu bearbeiten
Marmor	vorwiegend in Italien, Griechenland, Türkei, Portugal	weiß, marmoriert	lässt sich polieren
Sandstein	in Deutschland sehr viele Vorkommen	rot, gelb, grün, grüngrau, grün-gelb	sehr weich, verwittert leicht

Im thüringischen Saalburg und im Fichtelgebirge den Wunsiedeler Marmor und Deutsch-Rot, im Fränkischen Jura, in den deutschen Alpen den Mittenwalder und den Königseer Marmor, aus Österreich den Sülker Marmor mit einer bunten Marmorierung. Wer sich für einen Grabstein aus Marmor entscheidet, geht oft davon aus, dass dieses Material pflegeleicht sei. Das ist jedoch ein Irrtum: In seinen Poren setzen sich Schmutzpartikel ab. Damit der Stein weiß leuchtet, muss er immer wieder geschrubbt werden.

Fernost-Importe

Immer mehr Menschen entscheiden sich für Grabsteine, die aus Asien importiert werden – sehr zum Missfallen von künstlerisch orientierten Steinmetzen und Bildhauern, die sich mit den exotischen Farben und Formen nicht anfreunden können. Doch der Grab-

Eine junge Steinmetzin hat dieses Grabmal mit den unterschiedlich hohen Basaltsäulen für das große Familiengrab geschaffen.

EINSCHLAFEN DÜRFEN WENN MAN MÜDE IST, EINE LAST FALLEN LASSEN, DIE MAN LANGE GETRAGEN HAT, IST EINE WUNDERBARE SACHE.
H. HESSE
WALTER
1928 BEEZ
1999
MÜLLER
1914 LINA
2000
KLOTHILDE
BEEZ 1903

steinhandel ist heute fest in asiatischer Hand. Die Steine aus Indien, China und Korea kommen fertig bearbeitet per Schiffsfracht in deutschen Häfen an. Die Steinmetze müssen nur noch die Buchstaben mit den Namen und dem Sterbedatum der Verstorbenen andübeln oder aufkleben. Die Grabsteinkunden wissen oft nicht, woher die Steine stammen. Wäre ihnen bekannt, unter welch menschenunwürdigen Arbeitsbedingungen die Steine behauen und poliert werden, würden sich manche Kunden vielleicht anders entscheiden und einheimisches Gestein wählen. Den Gewinn an diesem Geschäft streichen die Zwischenhändler ein. Weil die Nachfrage nach diesen preiswerten Steinen aber groß ist, bieten viele Steinmetze die Massenware aus dem Katalog an und setzen nur noch die Schriften auf. Das ist schade, denn es bedeutet den Verlust an Originalität, Individualität und auch an Ästhetik.

Traditionelle Handwerkskunst

Einige Steinmetze und Bildhauer trotzen dem Massengeschmack und bieten individuell gestaltete Denkmale an. Sie behauen Muschelkalk, Granit und Sandstein noch von Hand und haben Freude daran, aus dem Steinbrocken etwas Künstlerisches herauszuholen. Sie sind überzeugt davon, dass es für jeden Menschen den passenden Stein gibt. Und sie verwenden gerne Steine aus der Region oder aus nicht allzu weiter Entfernung. Bei meinen Recherchen für dieses Buch und in den vielen Jahren, die ich mich schon mit Friedhöfen befasse, versuche ich bei jedem Friedhofsbesuch die besondere „Handschrift" eines Steinmetzen herauszulesen. Besonders schöne neuere Grabsteine aus Sandstein habe ich zum Beispiel auf dem Friedhof in Neuenstein entdeckt. Die ortsansässige Bildhauerfamilie behaut die Steine individuell, wenn die Angehörigen es wünschen. Persönliche Zeichen des Verstorbenen werden in Stein gemeißelt, die Erinnerung dauert so noch eine gewisse Zeitspanne fort.

Steinbearbeitungstechniken

Zum Sägen und Polieren verwenden Steinmetze heute Maschinen. Doch Hammer und Meißel brauchen die Steinbildhauer nach wie vor. Mit ihren Bearbeitungstechniken – gestockt, gerifflt und gespitzt – holen sie die natürliche Struktur des Steins hervor. Durch Schleifen und Polieren wird die Oberfläche des Steins glatt und glänzend.
Sandstein oder **Muschelkalk** lassen sich sehr gut mit Hammer und Meißel bearbeiten. Ganz hartes Material wie **Odenwälder Quarzit** bearbeiten die Steinmetze mit dem Brenner und der Flamme. Dieser Stein, der auf Äckern gefunden wird, lässt sich sägen; für die Bearbeitung von Hand ist er zu hart.
Ein Sonderfall und keine Arbeit für den Steinmetzen ist eine Radierungstechnik, die Gesichter und Bildnisse in schwarz polierten Granit graviert. In Kärnten und vereinzelt in Süddeutschland wird diese ungewöhnliche Technik praktiziert.

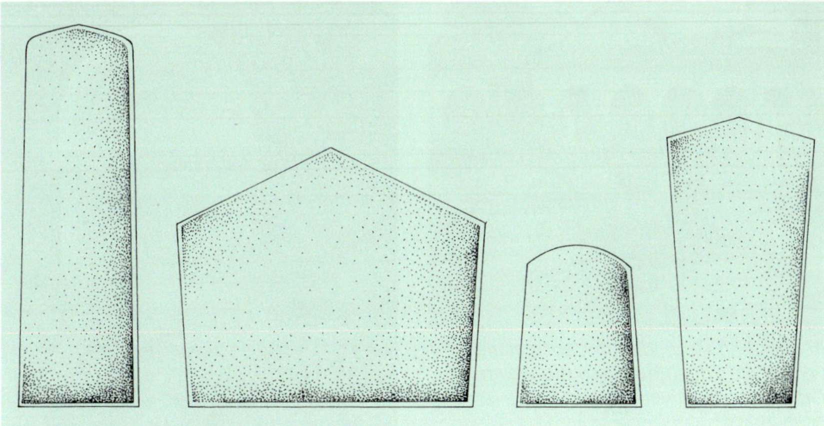

Verschiedene Grabmalformen und -größen.

Doch die künstlerisch hochwertigen Arbeiten treffen offenbar nicht den Geschmack des breiten Publikums. Ein Bildhauer sagte mir einmal fast resignierend, dass er sich selber beinahe wie aus der Steinzeit vorkomme, weil niemand mehr die schlichten, formschönen, zeitlos wirkenden Steine haben wolle, „nur noch das bunte Zeug". Schillernd bunte Steine lagern schon in großer Stückzahl bei den Importeuren.

Grabsteinformen

Wer einen Grabstein aussucht, hat viele Entscheidungen zu treffen. Nicht nur die Art des Steins muss festgelegt werden, sondern auch die Form und Größe. Die Friedhofssatzungen geben zwar schon einen gewissen Rahmen vor, es bleibt jedoch noch ein Entscheidungsspielraum für den Kunden. Der Stein muss von den Proportionen her zur Grabfläche passen. Für eine Familiengrabstätte wählt man in der Regel einen breitformatigen Stein. Für Einzelgräber passt ein hochformatiger Stein oder eine Stele. Die Friedhofssat-

Ein flach liegender so genannter Kissenstein bietet sich für die Gestaltung eines Urnengrabes an.

In manchen Gegenden in Deutschland wirken die Friedhöfe durch die vielen Grabplatten wie versteinert.

Hohe Steinmetzkunst zeigt sich an diesem neuen Grabmal aus Sandstein mit eingemeißelter Schrift und eingemeißelten Figuren. Die Einfassung, die Vogeltränke und die Laterne sind aus dem selben Material und im selben Stil gefertigt.

zungen schreiben in ausführlichen Regelwerken bestimmte Maße vor. In manchen Gemeinden beziehen sich die Vorgaben auf die Maximalhöhe, in anderen auf die Fläche der Frontseite, in wieder anderen auf den Rauminhalt. Oft gibt es zusätzlich unterschiedliche Vorgaben für Reihen- und Wahlgräber. Für kleine Urnengräber gelten generell geringere Maße, die sich wiederum an den Proportionen des Grabes orientieren. Solche Steine sind oft als Kuben- oder Säulenform gearbeitet – rund, quadratisch, sechseckig oder kreuzförmig, häufig auch als liegende Platte oder als so genannter „Kissenstein".

Grabplatten

In Bayern sind Grabplatten sehr verbreitet. Oft ist in ihnen nur eine kleine Öffnung für einen bescheidenen Blumenschmuck ausgespart. Friedhöfe mit vielen Grabplatten wirken immer „versteinert", sie entsprechen gar nicht dem gewünschten Leitbild eines durchgrünten, blühenden Friedhofs. Anderswo in Deutschland sind Grabplatten nicht erwünscht oder sogar laut Friedhofssatzung verboten. Gestattet ist allenfalls eine Abdeckung mit Stein bis zur Hälfte der Grabfläche. Diese Vorschrift beruht keineswegs nur auf Geschmacksfragen, dahinter steckt vielmehr ein triftiger Grund: Nur wenn genügend Wasser in das Erdreich eindringt, kann die Verwesung richtig ablaufen. Dieses Argument der Friedhofsverwaltungen kommt natürlich auch den Gärtnern entgegen, die von der Bepflanzung und Pflege der Gräber leben.

Aus der Sicht der Angehörigen hat eine Abdeckung aus Stein jedoch einen großen Vorteil: Für das Grab ist während der ganzen Dauer der Laufzeit gesorgt, fortlaufende Pflege fällt nicht an. Den Betrag, den man sonst für Blumenschmuck ausgeben würde, investiert man in den Stein. Von diesem Trend zur Grabplatte profitieren die Grabsteinhändler und Steinmetze, sehr zum Missfallen der Friedhofsgärtner und der Friedhofsverwaltungen. Das Thema Grababdeckungen schafft insofern einen Interessenkonflikt zwischen den Gewerken auf dem Friedhof.

Aufgaben von Grabeinfassungen

- Sie rahmen die Grabstelle passend ein und stellen eine Harmonie zwischen Grabstein und -rand her.
- Sie verhindern das Abschwemmen der Graberde.
- Auf Friedhöfen in abschüssigem Gelände stützen sie das Erdreich.
- Sie sind beim Pflegen des Grabs nützlich, weil man auf die Einfassung treten oder knien kann und so leichter mit Hacke oder Gießkanne das Innere des Beets erreicht.

Grabeinfassungen

Grabeinfassungen aus Stein rahmen die bepflanzte Fläche ein. Zusammen mit dem Grabmal bilden sie eine gestalterische Einheit. Sie sollten deshalb immer aus dem gleichen Material wie der Grabstein bestehen. Über lange Zeit war die Grabeinfassung aus Stein üblich. Auf vielen neueren Friedhöfen sind Grabeinfassungen jedoch nicht erwünscht oder laut Satzung sogar verboten, weil sie die Bewirtschaftung des Friedhofs erschweren. Auch Aspekte von Geschmack und Zeitgeist spielen eine Rolle, darum findet man auf neu angelegten Friedhöfen nur selten Einfassungen. Dabei sind sie aus verschiedenen Gründen durchaus sinnvoll.

Im einfachsten Fall bestehen die Einfassungen aus kantigen Randsteinen. Sie können aus dem Erdreich herausragen oder sie können ebenerdig eingelassen sein. Aufwändigere Steine besitzen innen eine Hohlkehle oder sind nach außen abgetreppt. Auch unterbrochene Formen oder eingearbeitete Laternen oder Schrifttafeln sind möglich. In Norddeutschland legen die Menschen gelegentlich große Kieselsteine um den Grabhügel.

Zeitgemäße Grabmale

Auf den Landes- und Bundesgartenschauen zeigen Steinmetze und Landschaftsgärtner sehr interessante Arbeiten, die oft angeregte Diskussionen im Publikum auslösen. Bei der Gestaltung der Mustergräber arbeiten Steinmetze, Holzbildhauer und sonstige Künstler eng mit Friedhofsgärtnern zusammen. Die Künstler versuchen mit ihren Entwürfen die Lebensgeschichte fiktiver Persönlichkeiten darzustellen. Gleichzeitig ist man bestrebt, mit der Pflanzenwahl und Form der Grabbepflanzung die Steingestaltung aufzugreifen beziehungsweise den Stein passend

Solche Bildhauerkunst in Holz und Metall hat auf unseren Friedhöfen leider noch Seltenheitswert.

zur gestalteten Grabfläche zu bearbeiten.

Im Jahr 2001 hat die Arbeitsgemeinschaft Friedhof und Denkmal zu einer provozierenden Schau „Kontraste" auf den Freiburger Hauptfriedhof eingeladen. 45 Künstler konnten dort ihre Ideen verwirklichen – nicht eingeengt durch Friedhofssatzungen oder Gestaltungsrichtlinien. Sie verarbeiteten ungewöhnliche Materialien in ungewöhnlichen Kombinationen: Holz und Bronze, Stein und Edelstahl, Stein und Glas, Stein und Filz, Stein und Kunstharz. Die Ausstellung ist bis zum Sommer 2003 zu sehen.

Leider verhindern die Friedhofssatzungen vieler Orte das Aufstellen experimenteller oder ungewöhnlicher Grabmale.

Gestaltung im Detail

Schriften

Die Schriften gestalten das Grabmal wesentlich mit. Sie müssen zum Stein passen und sorgfältig ausgewählt werden. Angeboten werden aufgesetzte Schriften aus Bronze, Messing oder Aluminiumguss, die aufgedübelt werden, außerdem Intarsienschriften und die in Stein geschlagenen Schriften. Bei den in den Stein geschlagenen Schriften gibt es mehrere Möglichkeiten: die vertiefte Ausführung, die erhabene und die vertieft-erhabene Ausführung. Wie im Druckgewerbe haben die Schriften ihre Namen, häufig verwendet werden Antiqua- oder Grotesk-Schriften. Klare Schriften ohne Schnörkel wirken zeitloser als verspielte Schriften. Früher wurden die Schriftzüge oft golden eingefärbt. Gold war lange Zeit verpönt und wurde von vielen Friedhofssatzung ausdrücklich verboten. Heute wird das Vergolden auf vielen Friedhöfen wieder praktiziert. Und warum nicht? Es bringt doch einen goldenen Glanz in eine eher triste Umgebung. Gelegentlich werden vertiefte Schriften auch schwarz oder farbig ausgemalt.

Gute Steinmetze stimmen Material und Form der Schriften auf das Grab-

Links oben:
Auf diesem Sandstein steht die Schrift erhaben.
Rechts oben:
Schriften aus Bronze- oder Aluminiumguss werden auf den Stein gedübelt.
Unten links:
Moderne Schriftgestaltung mit vertieften, farbig markierten Buchstaben.
Unten rechts:
Steinmetze bezeichnen diese Art der Schriftgestaltung als vertieft-erhaben.

Das Christusmonogramm mit einem ineinander greifenden griechischen X und P, den Anfangsbuchstaben des griechischen Christusnamens.

Auf vielen Grabsteinen findet sich das Christliche Symbol der Taube mit dem Ölzweig.

mal ab. Sie achten dabei auch auf die Abstände der Buchstaben untereinander und auf die Abstände der Zeilen. Von Bronzebuchstaben gehen leider oft braune Rinnsale aus – Verwitterungsspuren, die nicht schön aussehen. Die Gießereien empfehlen, für Weichgestein wie Muschelkalk keine Bronze-, sondern Aluminiumschriften zu nehmen. Diese Empfehlung gilt genauso für die aufgesetzten Symbole.

Symbole

Glaubenssymbole

Das **Kreuz** ist vielleicht das älteste Symbol für einen Begräbnisort. Es steht für das Leiden Christi. Entweder wird das Grabmal selbst als Kreuz gestaltet oder das Kreuz erscheint als Ornament auf dem Grabmal. In der christlichen Symbolik wird es auch mit anderen Symbolen kombiniert, etwa mit der **Schlange** für die Erlösung aus der Sünde, mit dem **Lamm** als Lamm Gottes oder mit der **Taube** für die Zuflucht unter Christus.

Viele Friedhofsbesucher wissen das merkwürdige P mit dem X auf manchem Grabstein nicht mehr zu deuten. Es handelt sich dabei um das so genannte **„Christusmonogramm"**. Die beiden ersten Buchstaben – das X und das P – des griechischen Namens von Christus sind dabei ineinander verschränkt. Dieses Zeichen symbolisiert den Glauben an den gekreuzigten und wieder auferstandenen Jesus Christus. **Ähren** schmücken viele Grabsteine. Sie können symbolisch für die „Ernte des Lebens" stehen oder für den Kreislauf des Werdens, Vergehens und Wiederkehrens. Die christliche Symbolik weist der Ähre das Symbol für den gestor-

Die Waage symbolisiert Gerechtigkeit oder den Berufsstand des Richters.

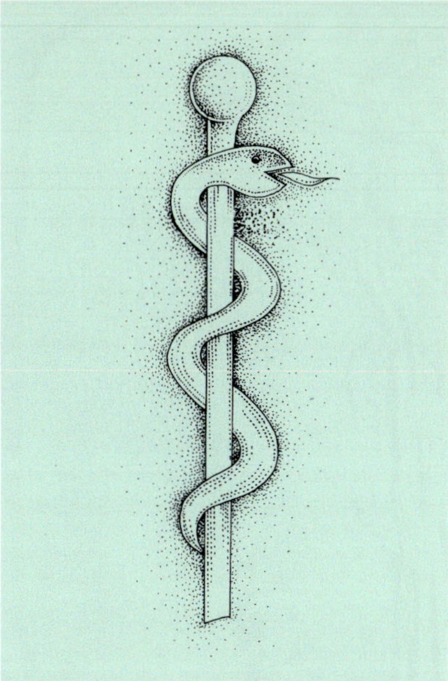

Ein Äskulapstab schmückt gelegentlich das Grab eines Apothekers oder Arztes.

benen und auferstandenen Christus zu. Mit dem Ährensymbol kann man außerdem den Beruf des Verstorbenen in Verbindung bringen. Oft kennzeichnet das Ährensymbol das Grab eines Landwirts oder Müllers.

Auch ein **Palmzweig** schmückt viele Grabsteine. Er steht als Symbol für die siegreiche Vollendung im Tod. Der **Rebstock** findet sich als Symbol auf Gräbern in Weinbaugegenden, in der christlichen Symbolik steht er für die Lebensgemeinschaft mit Christus, die über den Tod hinaus andauert. Und die **Taube mit dem Ölzweig** wird als Überbringerin der Friedensbotschaft gedeutet.

Berufssymbole

Für viele Menschen ist es ein Bedürfnis, den Beruf des Verstorbenen auf dem Grabstein auszudrücken: der **Äskulapstab** steht für den Arzt und Apotheker, die **Waage** für den Richter, ein **Notenschlüssel** für den Musiker. Für Handwerksberufe lassen sich oftmals leichter Symbole finden als für andere Berufsgruppen: das **Mühlrad** für den Müller, den **Brunnen** für den Brunnenbauer, die **Uhr** für den Uhrmacher. Ich erinnere mich an ein ganz schlichtes Grabmal aus Muschelkalk mit Ammoniten, das an die Leidenschaft des Verstorbenen für die Geologie erinnert (siehe Foto Seite 31). Gebräuchlich sind auch **Familienwappen** oder **Zunftsymbole** auf den Grabmalen. Mit solchen individuellen Symbolen wird etwas Wesentliches aus dem Leben des Verstorbenen mitgeteilt.

Symbole wie Ähren und Schlafmohn schmücken gelegentlich den Grabstein.

Häufig verwendete Symbole

- Betende Hände (nach Dürers berühmtem Vorbild)
- Florale Symbole: Rose, Lilie, Mohn, Frucht tragender Baum
- Engel, Putten
- Madonna, Maria mit dem Kind
- Eheringe
- Treppe als Symbol für den Übertritt in ein anderes Leben
- Aufgeschlagenes Buch für das Buch des Lebens
- Notenzeichen

Ansätze für eine neue Symbolik

Die aufgeführten, millionenfach kopierten Symbole wirken oft etwas abgedroschen und sinnentleert. Moderne Menschen können mit ihnen nicht mehr viel anfangen. Manche Menschen, die sich mit der Friedhofskultur befassen, suchen deshalb nach zeitgemäßen bildlichen Darstellungen. Sie wollen die Lebensgeschichte eines Menschen ausdrücken, das Individuelle und Persönliche. Künstlerisch arbeitende Steinmetze und Holzbildhauer liefern hier neue Ideen. Bronzekünstler haben Tafeln zu bestimmten Lebenssituationen entworfen – beispielsweise „Liebe", „Optimismus", „Vom Schicksal nicht geschont", „Familie", „Lebensfreude". Eine andere Symbolreihe drückt berufliches und privates Engagement aus: „Mathematik", „Technik", „Klassische Musik" oder „Reise". Es gibt auch eher archaisch anmutende „Lebens- oder Zeitmarken" mit Symbolen von „Feuer", „Erde", „Wasser", „Metall", „Holz", „Welle" oder „Spirale". Diese Bronzerelieftafeln oder -plaketten lassen sich beliebig zusammensetzen, je nach der individuellen Lebenssituation der Verstorbenen. Sie ergänzen das Grabmal aus Stein und erzählen eine Lebensgeschichte in Bildern.

Zusätzliche Gestaltungselemente

Die Grabsteinverkäufer bieten Laternen und passend dazu Weihwasserbecken, Pflanzschalen, Vasen, Vogeltränken an – meistens in sehr traditionel-

Die moderne Zeit verlangt nach neuen Symbolen. Steinmetze und Bronzegießereien zeigen neue Entwürfe wie hier das Symbol für „Reisen".

Bei Verstorbenen, die sich zu Lebzeiten mit Technik befasst haben, mag ein solches Symbol das Wesentliche im Leben herausstellen.

lem Design aus Bronze oder aus Messing gefertigt. Ich habe aber auch schon ungewöhnliche Laternen aus Keramik gesehen. Hier gäbe es für Künstler noch viel zu tun, für neue Grabmalformen braucht man auch stilistisch passende Accessoires.

In Bayern, in Österreich, in Italien, ebenso wie in einigen Kulturen – zum Beispiel auf Zigeunergräbern – sind Grabsteinbilder aus Porzellan, Emaille oder Acryl weit verbreitet. Solche Bilder machen oft das Flair eines Friedhofs aus und fordern Besucher zum Innehalten auf, weil sie sehr viel über die Person des Verstorbenen aussagen. Viele deutsche Gemeinden erlauben das Anbringen solcher Bildnisse jedoch nicht.

Der Grabstein als Familienerbe

Früher war es üblich, dass die Grabsteine Generation für Generation wieder verwendet wurden. Neue Namen wurden zusätzlich in den Stein gemeißelt oder es wurden neue Platten mit den Namen der Verstorbenen auf die Steinfläche gesetzt. Auch die Rückseite des Steins wurde manchmal verwendet, und Obelisken tragen auf allen vier Seiten Inschriften. Solche Grabsteine erzählen oft lange Familiengeschichten.

Das Wiederverwenden alter Steine ist etwas außer Mode geraten. Doch dafür gibt es eigentlich keinen Grund, zumal sich auf diese Weise viel Geld sparen lässt. In vielen Fällen ist es möglich, den Grabstein abzuschleifen und neue Schriften anzubringen oder

Eine junge Steinmetzin demonstriert ihr handwerkliches Können mit Zahneisen und Knüpfel.

einzumeißeln. Um den Friedhofssatzungen Genüge zu tun, muss die Restdicke des Steins je nach Höhe 16 oder 18 cm betragen. Manchmal genügt eine geringere Dicke; das hängt jeweils davon ab, wie strikt die Friedhofsverwaltungen ihre Vorschriften durchsetzen. Auf eine zuverlässige Standsicherheit muss in jedem Fall geachtet werden. Die neueren Gräber haben deshalb ein Fundament, das bis in frostsichere Tiefe reicht. Die Grabmale werden mit frostsicheren Schrauben fest mit dieser Basis verdübelt.

Die Pflege des Grabsteins

Staub und Schmutz setzen sich auf Grabsteinen ab, Flechten und Moose siedeln sich mit der Zeit an. Naturverbundene Menschen empfinden diesen Überzug als Zeitzeugen und überlassen den Stein den Einflüssen der Umwelt. Andere gehen rigoros gegen Ablagerungen vor. Normalerweise lassen sich die Steine mit Wasser und Bürste reinigen. Bei manchen Steinen reicht diese Prozedur jedoch nicht aus. Besonders empfindlich ist weißer Marmor. In seine feinen Poren kann der Schmutz tief eindringen und lässt sich dann nur noch mit chemischen Mitteln lösen. Der ursprünglich glatt geschliffene Marmor bekommt so nach und nach eine raue Oberfläche, auf der sich der Schmutz noch schneller absetzt. Granit dagegen ist ausgesprochen unempfindlich gegen Verschmutzungen.

Der Steinmetz

Den richtigen Steinmetz finden

Manche Menschen möchten sich vor dem Gang zum Steinmetz unverbindlich über die Möglichkeiten der Grabmalgestaltung informieren. Einen besonderen Beratungsservice bieten die Friedhofsverwaltungen der großen Städte: Oft berät ein Steinmetz, der sich fachlich sehr gut auskennt und unabhängig ist.

Eine sehr gute Informationsquelle sind die Grabmal-Ausstellungen auf den Landes- und Bundesgartenschauen. Hier geben Steinmetze, Bildhauer und die Friedhofsgärtner ihr Bestes. Und schließlich gibt es von der Stein verarbeitenden Industrie auch kostenloses Informationsmaterial mit Beispielen von handwerklich bearbeiteten Steinen.

Jüngere Steinmetze und Bildhauer sind oft sehr innovativ und nutzen alle Möglichkeiten der Technik und der modernen Kommunikationen. Viele von ihnen sind deshalb im Internet präsent und zeigen hier ihre Werkstücke. Dies ist für potenzielle Grabsteinkunden eine gute Möglichkeit, sich mit der Handschrift des Künstlers vertraut zu machen und vielleicht für sich etwas Passendes zu finden.

Im Herbst 2001 präsentierte sich die Verbraucherinitiative Aeternitas e.V. mit dem Grabmal-Ted auf ungewöhnliche Art im Internet (www.grabmalted.de). Die Besucher der Internet-Seiten können hier aus 60 vorgestellten Grabmalen ihre persönlichen Favoriten auswählen. Gleichzeitig können sie selber Grabmale, die ihnen gefallen, zur allgemeinen Bewertung ins Internet stellen lassen. Es wäre zu hoffen, dass die Auswertung dieser Befragung den Steinmetzen Impulse für neue Gestaltungsideen gibt.

Das Kundengespräch

Im Idealfall kommen die Angehörigen mit bestimmten Vorstellungen und Wünschen zum Steinmetz oder zum Bildhauer. Sie haben sich auf Friedhöfen umgesehen und Grabmale gefunden, die ihnen gefallen. Oder sie wollen das Vermächtnis des oder der Verstorbenen erfüllen. Der Steinmetz zeigt seine Entwürfe anhand von Entwurfsmappen oder er führt die Angehörigen zu Grabmalen, die er gefertigt hat. Viele Steinmetze arbeiten allerdings selbst gar nicht mehr handwerklich, sondern verkaufen vorgefertigte Steine nach Katalog und setzen nur noch die Schriften darauf. Lassen Sie sich vom Steinmetz ihrer Wahl Arbeiten zeigen und erkundigen Sie sich auch nach der Herkunft der Steine.

Der Steinmetz im klassischen Sinne bemüht sich, etwas über die Person herauszufinden, der das Grabmal gewidmet sein soll. Er interessiert sich für die Lebensgeschichte, für besondere Talente. Mit seiner Kreativität und mit seinem handwerklichem Können setzt er die Aufgabe um. Zunächst zeichnet er den Entwurf im Maßstab 1:10 auf Papier oder am Bildschirm und bespricht die Entwürfe mit den Angehörigen. Die Beurteilung eines solchen Entwurfs verlangt ein gutes Vorstellungsvermögen. Neue Software für Steinmetze macht es den Kunden einfacher. Der Steinmetz kann den Modellentwurf in die Friedhofslandschaft einbetten, sodass ein anschauliches dreidimensionales Bild entsteht – ähnlich wie Programme zur Möbelauswahl, die Wohnräume dreidimensional darstellen.

Der fertige Entwurf des Steinmetzen darf aber noch nicht gleich in die Tat umgesetzt werden. Der Stein muss mit seinen Maßen und Angaben zu den verwendeten Materialien zuerst von der Friedhofsverwaltung genehmigt werden. Dafür wird eine Gebühr erhoben.

Der Grabstein darf nicht gleich nach der Beerdigung gesetzt werden, es muss mindestens ein Winter oder ein

Grabstein oder Skulptur?
Ist das ein Grabstein oder eine Gartenskulptur? Bei manchen künstlerischen Werkstücken besteht kaum ein Unterschied, der Zweck ist ihm nicht unbedingt anzusehen. So kann die Skulptur zunächst auf dem Friedhof stehen und später, wenn die Ruhezeit abgelaufen ist, den Garten schmücken oder als Kunstwerk verkauft werden. Natürlich wäre es auch denkbar, sich schon zu Lebzeiten eine Skulptur für den Garten fertigen zu lassen, die nach dem Tod auf das Grab gesetzt wird.

Jahr vergehen, damit sich der Boden setzen und verdichten kann. Zudem muss der schwere Grabstein auf einem stabilen Fundament stehen. Auf neueren Friedhöfen ist von vornherein ein Streifenfundament am Kopfende des Grabes eingearbeitet. Darauf wird das Grabmal stabil mit Edelstahldübeln verankert. Diese Arbeit darf nur der Steinmetz ausführen, und er haftet auch für die fachgerechte Ausführung. Es gibt immer wieder schwere Unfälle durch umstürzende Grabsteine, deshalb pochen die Friedhofsverwaltungen aus gutem Grund auf eine standsichere Verankerung der Steine.

Es muss nicht immer Stein sein

Schmiedeeisen

Grabmale aus Metall bilden auf deutschen Friedhöfen eher die Ausnahme. Nur in Orten, in denen ein Kunstschmied ansässig ist, findet sich diese Form des Grabmals gelegentlich. In den Alpen und im Voralpenland haben die filigranen, ornamentreichen Gebilde Tradition, weil es kaum Gesteinsvorkommen gibt, die sich für bearbeitete Grabsteine eignen. Der geschmiedete Stahl ist meistens in einer matten schwarzen Farbe gestrichen, ein Anstrich darunter schützt vor Rost. Diese alten Grabkreuze werden über Generationen genutzt und immer wieder aufgearbeitet. Moderne Grabmale aus Metall sind eher abstrakt, zeigen christliche Symbole oder Figürliches wie die Jesusfigur am Kreuz. Oft haben die stählernen Skulpturen klare Formen, die für sich sprechen. Für den Namen des Verstorbenen ist auf ihnen kein Platz vorgesehen, darum stellen die Künstler eine Platte aus Stein oder Metall daneben oder sie bringen die Figur auf einem Steinsockel an, in den der Name eingemeißelt wird.

Bronze

Die dauerhafte Bronze ist ein klassisches Material für Grabdenkmale. Bronze lässt sich gießen und ermöglicht darum detailgenaue Formen, etwa fast naturgetreue Darstellungen von Menschen, Tieren und Pflanzen. Auf Gartenschauen sind gelegentlich aber auch interessante abstrakte Arbeiten zu sehen. Unbehandelte Bronze färbt sich im Laufe der Zeit dunkel oder leicht grünlich. Die Bronzeskulpturen aus der Kunstgießerei sind mit

Ein schmiedeeisernes Grabmal voller Rosen, von Rosen umkränzt, schmückt das Grab einer jung verstorbenen Frau.

Gisela
Hübner
1953–1995

Das Material Holz als vergänglicher Werkstoff wird relativ selten für Grabmale verwendet. Die Bepflanzung mit Buchsbaum, Sedum pachyclados und Gänseblümchen ist perfekt auf die klare Form abgestimmt.

einem Schutzlack versehen, der vor Verfärbungen bewahrt. Damit der Schutzanstrich lange erhalten bleibt, sollte der Schmutz regelmäßig mit Feinwaschmittel abgewaschen werden. Bronzene Figuren oder Objekte sind oft mit Steinen kombiniert.

Holz

Noch seltener als Grabmale aus Schmiedeeisen und Bronze sind solche aus Holz. Nach der Beerdigung kennzeichnet zunächst ein schlichtes Holzkreuz das Grab. Später entscheiden sich die Angehörigen eher für den dauerhaften und besser zu pflegenden Stein. Dabei hat das Material Holz für sich schon symbolische Bedeutung: Es drückt eher die Vergänglichkeit aus, das Wiedereingehen in den Kreislauf der Natur. Auf der Internationalen Gartenbauausstellung 1993 in Stuttgart gab es einen provozierenden Ausstellungsbeitrag: einen Holzstapel als Grabmal, eine Birke in gleich lange Stücke gesägt und aufgestapelt. Das sollte ein Grabmal sein? Viele Besucher schüttelten den Kopf, sie konnten mit dieser Idee gar nichts anfangen. Dabei lässt sich leicht ein tieferer Sinn dahinter entdecken: So wie das Holz im Laufe der Zeit verrottet, vergeht auch das menschliche Leben. Und wer sich intensiver mit Grabmalen beschäftigt, wird entdecken, dass Holzbildhauer das Holzstapelmotiv in weniger abstrakter Form durchaus recht häufig verwenden.

Früher haben sich Schreiner auf dem Land einfache Kreuze oder Bretter angefertigt, meist mit einem kleinen Dach als Wetterschutz versehen, und in katholischen Gemeinden oft mit einer Christusfigur ergänzt. Wie bereits gezeigt, gibt es auch Beispiele von Friedhöfen, auf denen lauter gleich gestaltete Holzkreuze stehen – ein Wald aus schwarzen, braunen oder weißen Kreuzen.

Der Friedhof als Lebensraum für Pflanzen und Tiere

Längst haben auch die Ökologen den Friedhof in ihr Herz geschlossen. Viele seltene Pflanzen- und Tierarten sind schon auf den Friedhöfen entdeckt worden. Es wurde sogar eine Doktorarbeit über den Wert der Friedhöfe als Rückzugsort für seltene Pflanzen verfasst. Eine ökologisch bedeutende Funktion haben jedoch vor allem die weitläufigen städtischen Friedhöfe, von denen manche eine Fläche von 70 oder 80 ha einnehmen. Dort gibt es neben intensiv genutzten Flächen auch Bereiche, die weitgehend sich selbst überlassen bleiben. Naturschutz im ursprünglichen Sinn wird hier praktiziert: Hohe Bäume ragen in den Himmel, dichtes Strauchwerk, alter Efeu und Wildblumen dürfen ungestört wachsen. Auf den Rasenflächen erobern Frühjahrsblüher das Terrain. In den Mauerritzen siedeln Wärme liebende Pflanzen. In alten Bäumen nisten die Vögel: Außer Amseln, Blau- und Kohlmeisen, Gartenrotschwänzen und Sperlingen beobachten Ornithologen auch Grün- und Buntspechte, Sommer- und Wintergoldhähnchen, Heckenbraunelle, Nachtigall, Zeisig, Zilpzalp, Waldkäuzchen und Eulen. Sogar der seltene Eisvogel nistet auf Friedhofsgelände in Gewässernähe. Verschiedene Säugetiere siedeln sich in Hohlräumen an: Eichhörnchen, Fledermäuse, Steinmarder, Mauswiesel, Wald- und Spitzmaus, Igel, Maulwurf, Kaninchen und Füchse. Diese Artenvielfalt macht einige Friedhöfe zu sehr lebendigen Orten, und auf einigen bieten Naturschützer vogelkundliche und botanische Führungen an, auf denen man Faszinierendes beobachten kann.

Die Verantwortlichen in den Städten wissen um die ökologische Funktion der Friedhöfe als „grüne Lunge“. Die vielen Pflanzen beeinflussen das Stadtklima positiv, sie produzieren Sauerstoff, binden Staub, puffern Temperaturunterschiede und erhöhen die Luftfeuchtigkeit.

Die Friedhöfe oder Kirchhöfe auf dem Land sind oft wesentlich kleiner

Mauerblümchen

Ohne Zutun des Menschen siedeln sich in Natursteinmauern – sei es auf Friedhöfen oder anderswo – viele Pflanzen an. Klassische Mauerbewohner sind:

Hauswurze (*Sempervivum*-Arten)
Scharfer Mauerpfeffer (*Sedum acre*)
Tripmadam (*Sedum reflexum*)
Zimbelkraut (*Cymbalaria muralis*)
Mauerraute
(*Asplenium ruta-muraria*)
Gelber Lerchensporn
(*Corydalis lutea*)
Goldlack (*Erysimum cheiri*)
Schöllkraut (*Chelidonium majus*)

Hohe Laubbäume und einzeln stehende Nadelbäume geben vielen städtischen Friedhöfen einen parkartigen Charakter.

und werden bis fast in den letzten Winkel intensiv gepflegt. Bedrohte Arten und Wildwuchs haben hier kaum eine Chance. Oft gehen auch die Friedhofsarbeiter beim Mähen und Schneiden der Gehölze rigoros vor. Alter Efeu wird grundlos entfernt, weil man befürchtet, dass sich im Unterholz „Ungeziefer" halten könnte. Das ist schade, denn auch die Friedhöfe auf dem Land hätten einige wertvolle Lebensräume zu bieten.

Leben in der Mauer

Besonders wertvoll sind Friedhofsmauern, die aus Natursteinen aufgeschichtet sind. Die Blöcke, beispielsweise aus Muschelkalk oder aus Sandstein, dürfen jedoch nicht verfugt sein. In ihren Ritzen und an ihrem Fuß siedelt eine typische Mauervegetation aus genügsamen Pflanzen. Auch Moose, Flechten und Efeu überziehen die Steine. In diesem Mauerrefugium fühlen sich Eidechsen, Käfer und Spinnen wohl.

Auf vielen alten Friedhöfen hat sich Efeu (*Hedera helix*) angesiedelt, legt sich wie eine Schleppe über die Mauern oder klettert an Bäumen oder Mauern in die Höhe. Nur die kletternde Altersform mit rhombenförmigen Blättern bildet Blüten aus, denen blauschwarze Beeren folgen. Zur Blütezeit im Oktober und November umschwirren Bienen, Wespen, Schwebfliegen und unzählige Fliegenarten die offenen Einzelblütchen und holen sich hier Nektar. Und in der Dämmerung kommen die Nachtfalter. Von den Blütenknospen ernährt sich auch die

Herbstgeneration der Raupen des Faulbaum-Bläulings.

Der Wilde Wein (*Parthenocissus tricuspidata*) siedelt sich ebenfalls oft von selber auf Friedhöfen an. Er klettert von allein an Friedhofsmauern und Kirchenwänden in die Höhe. Seine Blätter färben sich im Herbst – je nach Sorte – intensiv orangerot oder scharlachrot. Im Herbst bilden sich auch die blauschwarzen Beeren, die bis in den Winter hinein haften bleiben.

Im Frühjahr erscheinen auf naturnah belassenen Wiesen Blaustern (*Scilla*), Krokusse (*Crocus*) und vielleicht sogar die Wilde Tulpe (*Tulipa silvestris*). Und in waldigen Friedhofsbereichen breiten sich Busch-Windröschen (*Anemone nemorosa*) und Hohler Lerchensporn (*Corydalis cava*) aus.

Friedhofsmauern sind wichtige Lebensräume für Pflanzen und Tiere. Im Herbst kommen die Farben des Wilden Weins zum Leuchten, wie hier auf dem Neuen Jüdischen Friedhof in Frankfurt am Main.

Bäume auf dem Friedhof

Auf den von Mauern umgrenzten Dorffriedhöfen ist nicht viel Platz für hohe Bäume und Sträucher. Auf den alten Friedhöfen umrahmen oft lediglich zwei Linden das Eingangstor. Bei Umgestaltungen und Neuanlagen von Friedhöfen legt man heute dagegen großen Wert auf das Pflanzen von Laubbäumen. Außer Sommer- oder Winter-Linden (*Tilia platyphyllos, T. cordata*) können es auch – je nach Klimalage des Ortes – beispielsweise Stiel- oder Trauben-Eichen (*Quercus robur, Q. petraea*), Berg- oder Feld-Ulmen (*Ulmus glabra, U. minor*), Berg- oder Spitz-Ahorn (*Acer pseudoplatanus, A. platanoides*), Platanen (*Platanus × hispanica*), Birken (*Betula pendula*) oder Ebereschen (*Sorbus aucuparia*) sein. Gelegentlich nehmen eine imposante Trauer-Weide (*Salix alba* 'Tristis'), eine Esskastanie (*Castanea sativa*) oder ein Ginkgo (*Ginkgo biloba*) den Platz auf dem Friedhof ein. Auf ländlichen Friedhöfen findet man hohe Laubbäume nur selten, weil die Menschen zunächst die pragmati-

Lindenbäume säumen das Eingangstor zum Kirchhof in Mulfingen-Ailringen. Eine Bank lädt zum Ausruhen ein.

sche Seite in den Vordergrund stellen und das Herbstlaub lästig finden. In der von Stein und Asphalt dominierten Stadt hat man eine andere Einstellung zu Bäumen. Die Menschen schätzen deren besondere Ausstrahlung und den Schutz, der von ihnen ausgeht. Die Anlagen bekommen durch die Laubbäume einen hainartigen Charakter, durch den sich der Besucher wohl und geborgen fühlt.

In den Städten ist man sich auch des ökologischen Wertes der Bäume bewusst: Sie sorgen für ein angenehmes Kleinklima, produzieren Sauerstoff und filtern Schadstoffe heraus. Sie saugen überschüssiges Gießwasser auf und entwickeln sich so auch in trockenen Sommern noch gut. Wenn genügend Wasser da ist, setzt der herbstliche Blattfall später ein.

Ökologisches Verhalten auf dem Friedhof

- Friedhof als Rückzugsort für Pflanzen und Tiere respektieren.
- Flächen nicht unnötig versiegeln.
- Natursteinmauern erhalten, nicht verfugen, die Pflanzen am Mauerfuß stehen lassen.
- Alte Grabstellen erhalten, sie sind Lebensraum für Tiere und Pflanzen.
- Laub in den Randbereichen liegen lassen, daraus entsteht im Naturkreislauf neuer Humus.
- Möglichst wenig Torf verwenden, besser Rindenhumus oder Kompost aus dem Garten.
- Organischen Abfall in separate Abfallbehälter werfen. Dieses Material wird gehäckselt und von den Gemeinden zu Kompost aufbereitet.
- Kunststoffe vermeiden – die Unterlagen der Kränze und Gestecke sollten aus kompostierbarem Material bestehen.
- Keine Herbizide auf den Gräbern und um die Gräber herum ausbringen, auch kein Salz gegen Unkräuter oder Schnecken streuen, wenig düngen.
- Wasser sparen.

Nadelgehölze – pro und contra

Derzeit sind Nadelgehölze bei den Ökologen verpönt. Ich finde aber, dass auch sie eine Berechtigung auf dem Friedhof haben. Ich erinnere mich oft und gerne an die große Weymouths-Kiefer (*Pinus strobus*), in deren benadelten Zweigen früher bei den Besuchen auf dem heimatlichen Friedhof der Wind spielte. Auf den etwas größeren Friedhöfen bestimmen auch ausgewachsene Fichten *(Picea abies, P. omorica*) und Tannen (z. B. *Abies alba, A. concolor, A. grandis, A. nordmanniana*) das Bild. Hier haben sie, anders als im Wald, Platz zum Entfalten. Eiben *(Taxus baccata*), Scheinzypressen (*Chamaecyparis lawsoniana*) und Lebensbäume (*Thuja orientalis, T. occidentalis, T. plicata*) sind ebenfalls häufig zu sehen, oft malerisch umhüllt vom Efeu. Ohne die Immergrünen wäre ein Friedhof nicht denkbar. Sie schmücken – oft sorgfältig zurechtgestutzt – die Gräber und gestalten die allgemeinen Flächen. Traditionell stehen sie mit ihrem immergrünen Nadelkleid als Symbol für ewiges Leben. Auf dem Frankfurter Hauptfriedhof werden sogar die roten Beerenfrüchte mit dem giftigen Samen der Eiben gesammelt und Medizin daraus zubereitet.

Hecken gliedern den Friedhofsraum

Auf manchen Friedhöfen trennen schmal geschnittene Hecken aus Lebensbaum oder Eibe die Friedhofsfelder voneinander. Ein sehr schönes Beispiel für eine solche Untergliederung findet sich auf dem Alten Friedhof in Bad Mergentheim. Auf den älteren Grabfeldern dort sind je zwei Reihen Gräber durch brusthohe Lebensbaumhecken voneinander abgegrenzt, sodass jedes Grabmal vor dem immergrünen Hintergrund vorzüglich zur Geltung kommt. So entstehen mehrere optisch abgeschlossene Räume für jeweils etwa zwei Dutzend Gräber. Niedrige Buchsbaumhecken auf den Gräbern nehmen die Linienstruktur der höheren Hecken auf. Einen eindrucksvollen Rahmen bilden auch die Eibenhecken mit ihren dunkelgrünen Nadeln.

In manchen Gegenden bevorzugt man für die in Form geschnittenen Hecken Laubgehölze – entweder aus Tradition oder weil man sie für ökologisch wertvoller hält. Die Laub abwerfende Hainbuche (*Carpinus betulus*) verleiht Friedhöfen einen ganz anderen Charakter. Im Herbst und Winter hält sich das braun verfärbte raschelnde Laub noch lange im Geäst und gibt einen guten Sichtschutz. Ein ideales Gehölz für geschnittene Hecken ist der sommergrüne Gewöhnliche Liguster (*Ligustrum vulgare*). In

Auf dem Friedhof in Bad Mergentheim sind die Grabfelder mit geschnittenen Eibenhecken voneinander abgetrennt. Dieser immergrüne Rahmen bildet einen guten Hintergrund für die Grabmale.

seiner Verwandtschaft gibt es sogar Arten wie den Wintergrünen Liguster (*L. ovalifolium*), der sein Laub je nach Klima den Winter über oder länger behält.

Landschaftsarchitekten auf den großen städtischen Friedhöfen planen gerne Hecken als gliedernde Elemente für die Grabfelder ein. Wo genügend Platz ist, kann die Hecke auch frei wachsend angelegt sein, zum Beispiel mit heimischen Sträuchern wie Hartriegel (*Cornus mas, C. sanguinea*), Hunds- oder Hecht-Rosen (*Rosa canina, R. glauca*), Weißdorn (*Crataegus monogyna, C. laeviegata*) oder Haselnuss (*Corylus avellana*).

Das Grab bepflanzen

Erst wenn das Grabmal gesetzt ist, sollte man den Wechselflor und die Dauerbepflanzung einbringen. Die Angehörigen entscheiden über die Art der Gestaltung, auch wenn mit der Pflanzung selbst ein Friedhofsgärtner beauftragt wird. Dabei gibt es wie im Garten am Haus unendlich viele Möglichkeiten. Von den Stilrichtungen her lassen sich die Möglichkeiten so charakterisieren:

- klassisch mit klaren Formen,
- landschaftlich mit hohen und niedrigen Gehölzen und Bodendeckern,
- ländlich-bunt mit Saisonpflanzen wie Stiefmütterchen und Eis-Begonien
- frei gestaltet mit phantasievollen Effekten

Bei allen Gestaltungsvarianten ist darauf zu achten, dass die Bepflanzung mit Farbe und Form des Grabsteins harmoniert.

Das Grab kann nur mit einer einzigen Pflanzenart bedeckt sein: etwa Efeu (*Hedera*) oder Zwergmispel (*Cotoneaster*), aber auch Begonien (*Begonia*-Semperflorens/-Tuberhybrida-Grp.) oder Stiefmütterchen (*Viola* × *wittrockiana*). In der Regel schmücken ein oder zwei höhere Laub- oder Nadelgehölze das Grab. Sie sollten von ihrer Größe, ihrer Wuchsform und ihrer Farbe her auf das Grabmal abgestimmt sein. Diese höheren Gehölze bestimmen den Charakter des Grabmals. Darauf wiederum lässt sich die Bepflanzung mit den Bodendeckern abstimmen. Als dritte Komponente kommen Stauden und Sommerblumen hinzu. Wer sich für eine solche gemischte Bepflanzung entscheidet, kann sich an den Gestaltungsrichtlinien der Friedhofsgärtner orientieren, muss sich aber keineswegs strikt daran halten. Nach deren Faustregel ist ungefähr 60 % der Fläche für Bodendecker vorgesehen, 25 % nehmen die höheren Gehölze ein und die restlichen 15 % sind für den Blumenschmuck, den so genannten Wechselflor, reserviert. Vom Gestalterischen her können nach diesen Richtlinien bepflanzte Gräber durchaus reizvoll sein. Es fehlt ihnen jedoch oft das Individuelle.

Woher die Pflanzen nehmen?

Bei der Auswahl der Pflanzen und bei der Kombination können sich Menschen mit eigenem Garten ihre Erfahrungen zunutze machen. Sie nehmen passende Stauden und Bodendeckergewächse aus dem Garten und pflanzen sie aufs Grab. Wer unsicher ist, welche Pflanzen sich eignen, kann sich an Musterpflanzungen bei Friedhofsgärtnern oder auf Gartenschauen orientieren oder die Listen in Gartenbüchern studieren. Zunächst einmal sollten Sie herausfinden, welche Pflanzen an dem vorgesehenen Platz überhaupt in Frage kommen. Außerdem ist wichtig, wie sich die Sträucher, die Rosen und die Stauden entwickeln, wie stark sie in die Höhe und in die Breite wachsen. Die Stauden dürfen nicht wuchern und nicht zu hoch werden. Gold-Felberich (*Lysimachia vulgaris*) und hohe Garten-Astern (*Dendranthema × grandiflora*) oder Rittersporn (*Delphinium*) eignen sich deshalb nicht für die Grabbepflanzung. Waldbäume kommen von vornherein nicht in Frage, weil sie schnell zu groß werden. Auch auf allzu wüchsige Einjährige wie Kapuzinerkresse (*Tropaeolum majus*) oder Zier-Kürbisse (*Cucurbita*) sollten Sie verzichten.

Bei der Auswahl der Pflanzen können Sie sich an den Nachbargräbern orientieren und die gleichen Pflanzen nehmen oder solche, die von den Farben und Formen her mit der Bepflanzung dort harmonieren. Friedhofsverwaltungen sehen es gern, wenn jedes Gräberfeld ein relativ einheitliches Bild bietet. Die nachfolgenden Beschreibungen und Tabellen geben Anregungen für die Pflanzenauswahl.

Den Standort berücksichtigen

Wie im Garten ist es auch auf dem Friedhof wichtig, standortgerecht zu pflanzen. Das heißt, dass sich die Auswahl der Pflanzen unter anderem nach den **Lichtverhältnissen** auf dem Grab richten muss. So wird man mit Geranien auf schattigen Gräbern wenig Freude haben. Geranien oder Pelargonien (*Pelargonium × hortorum*), wie sie in der Gärtnersprache richtig heißen, blühen nur in voller Sonne gut. Auf offenen, sonnig gelegenen Friedhöfen, wie wir sie oft in ländlichen Gebieten vorfinden, gedeiht fast alles. Auf Friedhöfen in der Stadt und auf den Waldfriedhöfen gibt es viele halbschattige und schattige Standorte unter Bäumen. Hier ist die Auswahl an geeigneten Sommerblumen nicht so groß; es gedeihen beispielsweise Fleißige Lieschen (*Impatiens × walleriana*) und Knollen-Begonien (*Begonia*-Tuberhybrida-Grp.). Dafür gibt es eine ganze Anzahl an schattenverträglichen Stauden. Bei den Stauden und den Gehölzen fürs Grab sollten Sie genauso auf deren Ansprüche an die Belichtung achten. Auf den Verkaufsetiketten der Gärtnereien stehen die entsprechenden Symbole für Sonne, Halbschatten und Schatten.

Auch der **Boden** spielt bei der Pflanzenauswahl eine Rolle. Oft ist es schwerer, lehmiger Boden des Untergrundes, der erst mit Humus und/oder Sand vermischt werden muss. Auf älteren Grabstellen ist der Boden manchmal stark mit humushaltiger Graberde angereichert. Hier gedeihen dann auch die so genannten Moorbeetpflanzen – Azaleen und Rhododendren – gut, die sauren Boden brauchen. Auf kalkreichen Böden sollten Sie auf diese Säure liebenden Pflanzen besser verzichten und statt dessen zum Beispiel einen Rosenstock pflanzen. In manchen Gegenden Deutschlands ist der Boden sehr sandig, hier muss mit humusreicher Erde aufgebessert werden, sodass der Boden das Wasser besser speichern

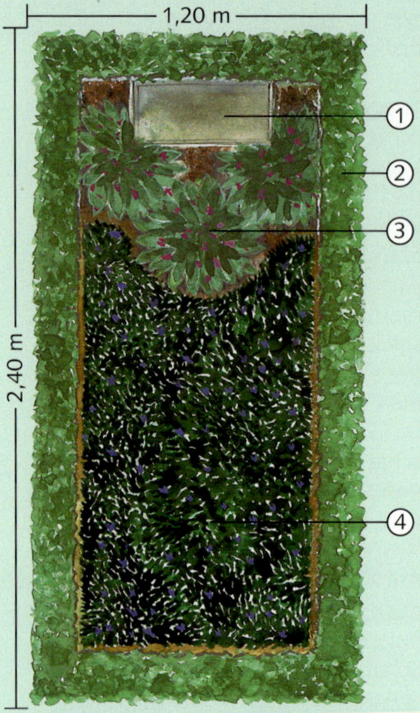

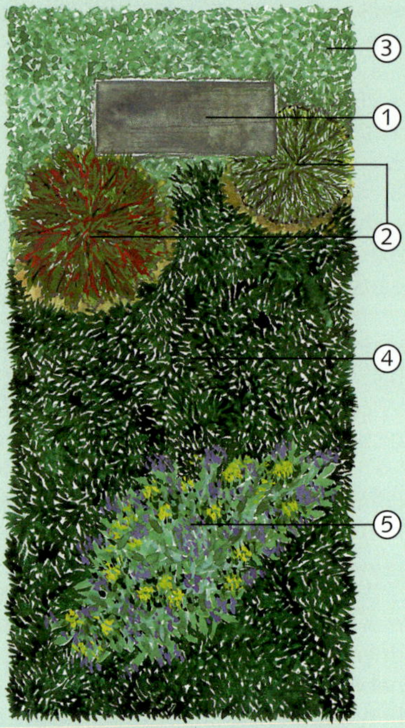

Ein formal angelegtes Reihengrab mit einer Bepflanzung für sonnige bis schattige Lagen:

1 Grabmal aus Granit oder Eisen
2 Geschnittene Einfassungshecke aus Buchs (Buxus sempervirens 'Suffruticosa') oder aus Eibe (Taxus baccata)
3 Niedrige immergrüne Gehölze, formal angeordnet, z.B. Rhododendren (Rhododendron-Impeditum-Hybriden)
4 Bodendecker, z.B. Efeu (Hedera helix), Immergrün (Vinca minor) oder Bodendecker-Buchs (Buxus sempervirens 'Herrenhausen')

Ein Reihen-Wahlgrab in sonniger Lage im Stil der Friedhofsgärtner:

1 Grabmal aus Granit
2 Raum bildende Gehölze: z.B. Fächer-Ahorn (Acer palmatum) und Zwerg-Kiefer (Pinus mugo)
3 Bodendecker, das Grabmal umspielend: Porzellanblümchen (Saxifraga umbrosa)
4 Bodendecker für die restliche Fläche: Sedum 'Immergrünchen' oder Sedum spurium
5 Fläche für Wechselbepflanzung, harmonierend mit dem Laub des Fächer-Ahorns:

Frühjahr: Horn-Veilchen (Viola-Cornuta-Hybriden), Vergissmeinnicht (Myosotis sylvestris)
Sommer: Mehl-Salbei (Salvia farinacea), Husarenknöpfchen (Sanvitalia procumbens)
Herbst/Winter: Calluna-Knospenblüher, Garten-Salbei (Salvia officinalis, z.B. 'Purpurascens'), Silberblatt (Senecio bicolor)

Ein frei gestaltetes Doppel-Wahlgrab mit Sonne liebenden Pflanzen:

1 *Grabmal – Stele aus rotem Sandstein, schmale Einfassung aus dem selben Material*
2 *Geschnittene Buchs-Halbkugel*
3 *Niedriges Buchs-Stämmchen mit Kugel*
4 *Bodendecker, sehr niedrig gehalten: Zwergmispel (Cotoneaster dammeri)*
5 *Fläche für Wechselbepflanzung:*
Frühjahr/Sommer: Blattschmuckpflanzen, z.B. Echeverien, Papageienblatt oder Bodendeckerstauden, z.B. Sempervivum, Sedum
Herbst/Winter: z.B. Calluna-Knospenblüher und Alpenveilchen

Ein Doppel-Reihengrab mit ländlich-bunter Bepflanzung in sonniger Lage.

1 Grabmal aus Granit, Sandstein oder Kalkstein
2 Raum bildende Gehölze in symmetrischer Anordnung zum Grabmal: z.B. Säulen-Eibe (Taxus baccata 'Fastigiata') oder frei wachsende Buchsbüsche (Buxus sempervirens)
3 Bodendecker, das Grabmal umspielend: Immergrün (Vinca minor)
4 Bodendecker, vorne: Sternmoos (Sagina subulata)
5 Wechselbepflanzung auf einem großen Teil der Grabfläche:

Frühjahr: Stiefmütterchen (Viola-Wittrockiana-Hybriden), Gänseblümchen (Bellis perennis), Ranunkeln
Sommer: Fuchsien (Fuchsia-Hybriden), Eis-Begonien (Begonia-Semperflorens-Hybriden), Leberbalsam (Ageratum houstonianum)
Herbst/Winter: Abdeckung mit Koniferenreisig, Grabgesteck

Ein Urnen-Reihengrab im Halbschatten mit etwa einem Quadratmeter Fläche:

1 Grabmal, liegend
2 Dickmännchen (Pachysandra terminalis), Waldsteinie (Waldsteinia ternata)
3 Farne (z.B. Hirschzungenfarn Phyllitis scolopendrium, Wurmfarn Dryopteris filix-mas)
4 Fläche für Wechselbepflanzung:

Frühjahr: Horn-Veilchen (Viola-Cornuta-Hybriden). Sommer: Fleißige Lieschen (Impatiens walleriana), Schneeflockenblume (Bacopa). Herbst: Calluna-Knospenblüher, Gräser.

Die Lieblingspflanze

Die Gestaltung eines Grabes ist für die Angehörigen immer auch Auseinandersetzung mit dem Verlust, also ein Stück Trauerarbeit. Man könnte beispielsweise Pflanzen auswählen, die der Verstorbene besonders gern mochte. Selbst wenn man traditionellem Volksglauben eher kritisch gegenüber steht, sollte man ruhig auch die Pflanzen mit Symbolcharakter (siehe Seite 120) in Erwägung ziehen. So erhält das Grab eine individuelle Note.

kann. Gleichzeitig empfiehlt es sich, Pflanzen auswählen, die auf dem durchlässigen, nährstoffarmen Sandboden gut zurecht kommen, zum Beispiel Thymian (*Thymus vulgaris, T. serpyllum*), Grasnelken (*Armeria maritima*), Bruchkraut (*Herniaria glabra*) und Blau-Schwingel (*Festuca glauca*).

Auf dem Land sind viele Gräber weniger aus Standorterwägungen denn aus Tradition nur mit Sommerblumen im Wechsel mit Stiefmütterchen bepflanzt. Mit den bunten Blütenteppichen sehen solche Friedhöfe freundlich und einladend wie ein Blumengarten aus. Sie haben so gar nichts mit der düsteren Atmosphäre jener Anlagen mit einem Stelldichein von Nadelgehölzen gemeinsam. Hier ist es üblich, im Herbst Stiefmütterchen (*Viola* × *wittrockiana*) auf die Grabflächen zu pflanzen. Im Frühjahr nach den Eisheiligen werden sie abgelöst von Eis-Begonien (*Begonia*-Semperflorens-Grp.), Leberbalsam (*Ageratum houstonia-*

Das Stiefmütterchen hat viele Namen

Stiefmütterchen tragen regional verschiedene Namen. In manchen Gegenden Süddeutschlands heißen sie Glotzerle, weil sie uns mit großen Augen anschauen. In der Stuttgarter Gegend kennt man sie unter dem Begriff „Painsées", der aus dem Französischen entlehnt ist. Anderswo heißen die Stiefmütterchen Dreifaltigkeitsblume, Herrgottsblümli, Mädchenauge, Menschengesicht oder Samtblume. Viele Gärtner sagen Violen, angelehnt an die botanische Bezeichnung.
Zum Namen „Stiefmütterchen" selbst gibt es eine amüsante Deutung: Die fünf Blütenblätter stehen für die Stiefmutter mit ihren beiden Töchtern und den beiden Stieftöchtern. Die Stiefmutter nimmt mit ihren Töchtern die prächtigen Plätze auf den schön gefärbten Blütenblättern ein, für die Stieftöchter bleiben nur die unscheinbar gefärbten Blütenblätter. Diese Deutung ist schon sehr alt und lässt sich bei den heutigen Sorten kaum noch nachvollziehen, weil bei diesen die Blütenblätter gleich eingefärbt sind.
Zur gleichen Pflanzengattung gehören die Horn-Veilchen (*Viola cornuta*) mit ihren hübschen kleinen Blüten, ebenso die dreifarbigen Acker-Stiefmütterchen (*V. tricolor*) und die frühjahrsblühenden Duft-Veilchen (*V. odorata*).

num) oder Lobelien (*Lobelia erinus*). Dazwischen findet sich vereinzelt ein Rosenstock, am Rand entlang wachsen Sternmoos (*Sagina subulata*) und Immergrün (*Vinca minor, V. major*). Mancherorts sind die Gräber mit niedrigen Buchsbaumhecken (*Buxus sempervirens*) eingefasst. Nadelbäumchen gibt es kaum. Auf einigen Friedhöfen, die unter Denkmalschutz stehen, ist eine solche traditionell-bunte Bepflanzung vorgeschrieben.

Wechselflor im Jahreslauf

Ein Teil der Grabbepflanzung besteht üblicherweise aus langlebigen Pflanzen und bleibt ganzjährig unverändert. Für saisonale Abwechslung sorgt der Wechselflor, der – wie der Name sagt – regelmäßig ausgewechselt wird und in den meisten Fällen nur eine kleine, klar begrenzte Fläche des Beetes einnimmt. Hier ist Platz für jahreszeitliche Akzente und interessante Farbenspiele. Für das Wechselbeet bietet sich das klassische Balkonkastensortiment an, das neben vielen einjährigen Blumen auch zweijährige Arten und kurzlebige Stauden umfasst. Einige dieser Stauden sind bei uns nicht winterhart und werden darum meist einjährig kultiviert, andere werden so preiswert angeboten, dass man sie getrost nach ihrer Hochblüte ausgraben kann. Ein Beispiel sind Primeln: Sie setzen kurzzeitig leuchtende Farbtupfer, sind nach der Blüte aber eher unattraktiv. Wer sie nach ihrer Saison nicht auf den Kompost werfen möchte, kann ihnen einen Platz im häuslichen Garten geben.

Frühlingserwachen

Im Frühjahr sehnt man sich nach frischem Grün und bunten Farben. Mit bunten Frühlingsblumen kann man auch auf dem Friedhof der winterlichen Tristesse etwas entgegen setzen. Friedhofsgärtner pflanzen die Frühlingsblumen häufig ganz dicht gedrängt in eine Kreisform oder in einem Oval zwischen die Grundbepflanzung aus Bodendeckern. Sehr edel kann es wirken, wenn man sich bei der Pflanzenauswahl auf zwei Farben beschränkt: auf weiß und gelb oder auf weiß und blau. Das Farbkonzept kann man sich vorher zurechtlegen oder sich beim Einkaufen inspirieren lassen.

Früher war es üblich, dass schon im Herbst Stiefmütterchen gepflanzt wurden und den Winter über das Grab bedeckten. Oft wurden die Pflanzen für den Friedhof selber herangezogen. Heute handhaben es die Angehörigen meist etwas anders. Sie decken das Grab den Winter über mit Schmuckreisig ein und pflanzen die Stiefmütterchen erst im Frühjahr. Das hat praktische Gründe, weil die Pflänzchen oft erfrieren und dann Lücken entstehen. Die beim Gärtner gekauften Stiefmütterchen und Horn-Veilchen blühen früher als die selbst herangezogenen, da sie in Gewächshäusern angetrieben werden. Sie sind dafür aber nicht so ausdauernd. Auf dem Friedhof spielt das keine so große Rolle, da die Pflanzen nach den Eisheiligen ohnehin abgeräumt und durch Sommerblumen ersetzt werden. Oft haben sie sich jedoch im Mai so schön entwickelt, dass es einem fast Leid tut, sie abzuräumen.

Oben: Auf dem Land pflanzen die Angehörigen traditionell Stiefmütterchen in bunten Farben aufs Grab. Zusammen mit anderen Frühlingsblühern entsteht so ein buntes Bild.

Unten: Aparte Gestaltung mit Frühlingsblumen, gitterförmig überspannt mit Weidenzweigen.

Frühlingsblumen selber ziehen
Die bunten Frühlingsblumen können Sie auch zu Hause selber heranziehen. Etwas gärtnerisches Know-how ist dafür jedoch schon nötig. Das Saatgut bekommen Sie in gut sortierten Samengeschäften. Für die Frühlingsblüher beginnt die Anzucht schon im Sommer vor dem Auspflanzen. Gänseblümchen, Vergissmeinnicht und Stiefmütterchen werden zweijährig, also über den Winter kultiviert. Das gelingt besonders gut im ungeheizten Gewächshaus, zur Not auch im Freiland. Doch bei der Freilandüberwinterung fangen die Frühlingsblumen erst spät zu blühen an. Die eigene Anzucht ist zwar etwas umständlich, aber die Mühe lohnt sich, und sparen lässt sich dabei auch. Ein Samenpäckchen ist allemal billiger als eine Kiste voll blühender Stiefmütterchen beim Gärtner.

Einige schöne Sorten von den **Gänseblümchen** oder Maßliebchen, wie sie auch heißen, gibt es in kleinen Abpackungen zu kaufen. Die Hobbygärtner haben die Wahl zwischen den sehr früh und ausdauernd blühenden 'Roggli'-Sorten in Rosa, Rot und Weiß, der großblumigen, lachsrosafarbenen 'Robella' und der interessant ausgefärbten Sorte 'Habanera Weiß mit roten Spitzen'.

Bei den **Stiefmütterchen** ist die Auswahl noch weitaus größer. Sehr verbreitet sind zweifarbige Sorten, zum Beispiel blau mit weißem Auge ('Joker Hellblau') oder rot mit gelbem Auge ('Joker Rot-Gold'). Andere Sorten sind einfarbig blau ('Fama Flieder'), zitronengelb ('Fama Zitrin') oder orange ('Padparadja'). Die Sortenvielfalt bei den Horn-Veilchen aus der Verwandtschaft der Violen ist fast ebenso groß. Hübsch sind die Sorten aus der 'Sorbet'-Serie in Hellblau, Cremegelb, Goldgelb und Purpurn oder einfach eine Mischung aus allen Farbvarianten. **Vergissmeinnicht** wird ebenfalls zweijährig kultiviert. Im Garten versamt es sich oft selbst. Bei diesem halb wilden Nachwuchs sind die Blütenstände jedoch ziemlich locker aufgebaut. Zuchtformen wie 'Compindi', 'Bluesylva' und 'Rosylva' (rosafarben) wachsen wesentlich kompakter und haben eine intensivere Färbung.

Auch den ebenfalls zweijährigen Goldlack können Sie gut selber aussäen. Die Anzucht der Ranunkeln und der Primeln sollten Sie jedoch besser dem Gärtner überlassen.

Mit den Stiefmütterchen und Horn-Veilchen sind die Möglichkeiten noch lange nicht erschöpft. Da gibt es blau blühende Vergissmeinnicht (*Myosotis sylvestris*), Gänseblümchen (*Bellis perennis*), Primeln (*Primula vulgaris*) und Ranunkeln (*Ranunculus asiticus*). Dazu passen Zwiebelblumen wie niedrige Tulpen (z. B. *Tulipa sylvestris*), Hyazinthen (*Hyacinthus orientalis*), Narzissen (*Narcissus poeticus, N. pseudonarcissus*), Krokusse (*Crocus*), Blaustern (*Scilla*) und Traubenhyazinthen (*Muscari comosum*). Diese Zwiebelblumen können Sie entweder im Frühjahr blühend einpflanzen oder im Herbst die Zwiebeln wie im Garten in den Boden stecken. Eine fröhliche Stimmung geht von einem solchen Beet mit Frühlingsblumen aus. Oft

Frühlingsblumen fürs Grab

Pflanzenart	Botanischer Name	Besonderheiten
Gänseblümchen	*Bellis perennis*	Sorten mit pomponartigen Blüten
Goldlack	*Erysimum cheiri*	gelb, orange oder rotbraun blühend
Horn-Veilchen	*Viola cornuta*	sehr ausdauernd, kann den Sommer über stehen bleiben
Osterglocken	*Narcissus pseudonarcissus*	Zwiebelpflanze (im Herbst davor einbringen)
Primel	*Primula vulgaris*	Staude, kann im Sommer stehen bleiben und blüht im Herbst erneut
Ranunkel	*Ranunculus asiaticus*	große pomponartige Blütenbälle
Schneeglöckchen	*Galanthus nivalis*	Zwiebelpflanze (im Herbst davor einbringen)
Stiefmütterchen	*Viola × wittrockiana*	Sorten in allen Farben und Formen, mit und ohne Auge
Traubenhyazinthe	*Muscari comosum*	Zwiebelpflanze (im Herbst davor einbringen)
Vergissmeinnicht	*Myosotis sylvatica*	kompakte Sorten in Weiß, Rosa und Blau

stehen die Zwiebelblumen in einer Schale, eingerahmt von etwas floralem Beiwerk wie Moos, Weidenzweigen oder Reisigbündeln.

In manchen Jahren beginnt der Vorfrühling mit dem Angebot des Frühlingsflors in den Gärtnereien schon Ende Februar oder Anfang März. Mit dem Einpflanzen der Frühlingsblumen oder dem Aufstellen der Schalen kann man sich zwar noch Zeit lassen, er bleibt schließlich bis zu den Eisheiligen oder sogar etwas länger auf dem Grab. Wer aber früh pflanzt, hat auch mehr vom Frühlingsschmuck. Außerdem vertragen die Frühlingsblüher im Allgemeinen kühle Temperaturen; ein Frosteinbruch über Nacht und eine Mütze voll Schnee schaden ihnen nicht. Es ist immer wieder erstaunlich zu beobachten, wie Narzissen oder Tulpen, die von Schneemassen umgedrückt sind, sich sofort wieder aufrichten, sobald der Schnee weggetaut ist. Nur wenn die Primeln oder Ranunkeln allzu lange unter einer dicken Schneedecke liegen, beginnen die Blüten zu faulen. Übrigens schadet es ihnen sogar, wenn das Grab zu dick mit Fichtenreisig eingepackt ist.

Farbe für den Sommer

Um die Eisheiligen Mitte Mai herum beginnt der Austausch: Die Frühlingsblumen werden abgeräumt und durch die Sommerblumen ersetzt. Besonders gut für die Sommerpflanzung eignen sich niedrige Blumen, die nicht zu sehr wuchern.

Niedrig bleibende Sommerblüher

Die Begonien sind mit über tausend Arten eine sehr große Pflanzengattung. Für den Friedhof interessant sind hauptsächlich die Eis-Begonien (*Bego-*

Frieda Argut
geb. 10. 9. 1910
gest. 28. 9. 1998

Gottesauge und Ewiges Leben
Interessant ist, dass die Eis-Begonie so viele Namen trägt. Vielerorts kennt man den Begriff Eis-Begonie gar nicht, dort heißt sie Gottesauge. Anderswo kennt man sie nur als Apfelblüte. Auf der Schwäbischen Alb verwenden die Frauen die Bezeichnungen Wasser-Blümle oder Wasser-Begonie. Namen wie Menschenleben oder Ewiges Leben deuten auf die ausdauernde Blüte hin.

nia-Semperflorens-Grp.) und die Knollen-Begonien (*Begonia*-Tuberhybrida-Grp.), neuerdings auch die „Charisma-Begonien", eine Begoniengruppe des Pflanzenzüchters Benary.

Wegen ihrer Blühfreudigkeit ist die **Eis-Begonie** nicht umsonst die am häufigsten gepflanzte Friedhofsblume. Sie trotzt großer Sommerhitze und Regengüssen und schiebt immer wieder neue Blüten nach, bis es im Herbst richtig kalt wird. Die Gärtner bieten ungefüllte, halb gefüllte und gefüllte Sorten in Weiß und in vielen Rosa- und Rottönen an. Es gibt keine andere Sommerblume, die ausdauernder blüht und regenfester ist. Diese Vorzüge machen sie zum absoluten Favoriten unter den Friedhofsblumen, und das schon seit Jahrzehnten. Auch das ledrige Blattwerk ist je nach Sorte unterschiedlich geformt und gefärbt. Besonders attraktive Sorten sind

Sommerblumen wie Verbenen, Eis-Begonien, Pelargonien und Fleißige Lieschen geben Friedhöfen einen fast heiteren Charakter.

'Party', 'Super Olympia', 'Focus' (alle mit grünem Laub) sowie die 'Cocktail'- und die 'Vision'-Serie mit dunkel- bis schwarzbraunem Laub.

Eis-Begonien kann man beim Gärtner kaufen oder selbst heranziehen. Ausgesät wird schon im Januar oder Februar, spätestens Anfang März. Optimal keimen die Pflänzchen bei 22 bis 24 °C. Bei besonders wertvollen Sorten mit gefüllten Blüten oder mit besonderen Blättern bietet sich auch die Stecklingsvermehrung an. Dazu überwintert man die Begonien im Haus (trocken halten!), schneidet im März Stecklinge und lässt sie in Töpfchen mit Erde bewurzeln.

Knollen-Begonien sind ideal für halbschattige Grabstellen. Mit ihrem aufstrebendem Wuchs und oft überproportional großen Blüten in vielen Farben und interessanten Blattformen bereichern sie diese Plätze sehr. Sie lassen sich bei kühler Lagerung leicht überwintern. Die Gärtner vermehren die Knollen-Begonien jedoch immer wieder neu durch Aussaat. Sehr dekorative gefüllte Blüten in Weiß, Rosa, Rot, Apricot, Gelb und Orange haben die Begonien der 'Nonstop'-Serie. Häufig legen die Friedhofsverwaltungen farbenprächtige Schaupflanzungen mit den Schattenblühern an.

Eine neue Gruppe, die weder zu den Eis- noch zu den Knollen-Begonien zählt, sind die **Charisma-Begonien**. Diese Pflanzen wachsen sehr kompakt etwa 25 cm hoch und blühen reich. Die gefüllten Blüten sind intensiv gefärbt in Lachsorange, Rosa, Scharlach oder Tiefrosa.

Die **Fleißigen Lieschen** (*Impatiens walleriana*) stehen ihnen im Garten-

Neben den Eis-Begonien, den am häufigsten gepflanzten Friedhofsblumen, eignen sich auch Knollen-Begonien zur Grabbepflanzung, vor allem an leicht beschatteten Plätzen.

wert kaum nach. Es gibt sie in ähnlichen Farbschattierungen wie die Eis-Begonien, in Rosa, Rot und Weiß, zusätzlich in Magenta und den etwas ins Bläuliche changierenden Farbnoten. Die Sorten heißen 'Bellizzy Bunte Bälle' (stark gefüllte röschenartige Blüten), 'Candy' (wachsen niedrig und breit) oder 'Deco' (großblumig, bronzegrünes Laub). Eine besonders schöne, von den Blumenzüchtern preisgekrönte Sorte ist 'Victorian Rose' mit rosaroten, halb gefüllten bis gefüllten Blüten und dunkelgrünem Laub. Die Fleißigen Lieschen lassen sich übrigens problemlos aus Stecklingen vermehren, die in Wasser oder in Töpfchen mit Erde schnell bewurzeln. Die Anzucht aus Samen gelingt ebenfalls leicht, sollte jedoch schon sehr früh im Januar oder Februar geschehen.

Die **Edel-Lieschen** (*Impatiens*-Neuguinea-Grp.) aus der gleichen Verwandtschaft haben dagegen ein etwas anderes Wuchsbild: Sie sind viel größer, streben eher nach oben, gehen nicht so sehr in die Breite. Ihr Blattwerk und ihre Blüten für sich genommen sind ebenfalls größer. Manche neuere Züchtung wie die orangefarben blühende 'Tango'-Züchtung hat ein in Richtung Purpur gehendes Blattwerk.

Petunien (Hybriden der *Petunia*-Grandiflora- und Multiflora-Gruppe) mit ihren großen, trompetenartigen Blüten bringen Farbe aufs Friedhofsbeet. Die Blüten sind oft weiß gerandet oder sternförmig gezeichnet. Leider sind Petunien sehr regenempfindlich – je nach Sorte etwas unterschiedlich. Als relativ robust gilt die kompakte, etwa 25 cm hohe Sorte 'Sonja'.

Viel zu selten werden Nelken aufs Grab gepflanzt. Vielleicht liegt das daran, dass sie bei Kaninchen so beliebt sind. Für den Friedhof eignen sich nicht die gefüllten Nelkensorten auf den langen Stängeln, es müssen vielmehr kompakt wachsende niedrige Sorten sein. Diese so genannten **Sommer-Nelken** (*Dianthus chinensis*) schmücken sich mit farbintensiven, oft zweifarbigen Blüten. Die Gärtner schätzen die schönen Hybrid-Sorten 'Snowfire', 'Crimson Charm', 'Strawberry Parfait' oder 'Telstar Picotee'.

Ein weiteres hübsches Pflänzchen für Sommerblumenbeete ist das nied-

Gelbe Studentenblumen setzen fröhliche Farbtupfer in die Umgebung mit eher gedeckten Farben. Außergewöhnlich ist das schwarz und golden gestrichene hölzerne Grabmal auf dem Kirchhof in Segringen bei Dinkelsbühl.

Hier ruht
Karl Körner
Landwirt in Seidelsdorf
gest. am 22.8.1979 im Alter von 69 Jahr, 1 Mon. 28 Tg.

Sommerblumen nehmen dicht gedrängt eine Ecke des mit Bodendeckern und Gehölzen gestalteten Grabes ein: Gut abgestuft hintereinander stehen im Vordergrund Eis-Begonien, dahinter Zinnien, Studentenblumen, Husarenknöpfchen, Wandelröschen und blau blühender Mehl-Salbei im Zentrum.

rige **Strand-Silberkraut** (*Lobularia maritima*) oder auch **Duftsteinrich** in Weiß, Rosa, Pink und Violett. Die Pflanze verströmt, wie der Name schon vermuten lässt, einen honigartigen Duft. Das flache Matten bildende Strand-Silberkraut lässt sich ausgezeichnet mit ebenfalls niedrigem **Leberbalsam** (*Ageratum houstonianum*) kombinieren. Die Gärtner bieten das Leberbalsam in Mittelblau, einem kräftigen Blau, Purpurviolett und Weiß an. Andere Blautöne bis hin zu einem wunderschönen Tiefblau steuert das

Sommerblumen fürs Grab

Pflanzenart	Botanischer Name	Standort	Besonderheiten
Duftsteinrich, Strand-Silberkraut	*Lobularia maritima*	○	bildet niedrige Polster
Echeverie	*Echeveria peacockii*	○	Rosettenpflanze für Einfassungen
Eis-Begonie	*Begonia*-Semperflorens-Grp.	○ bis ◐	große Sortenvielfalt, blüht ausdauernd, unempfindlich gegen Regen
Fuchsie	*Fuchsia*-Hybriden	○ bis ◐	lässt sich überwintern
Geranie, Pelargonie	*Pelargonium*-Zonale-Hybriden	○	muss ausgeputzt werden
Husarenknöpfchen	*Sanvitalia procumbens*	○	wüchsiger Flächendecker
Edel-Lieschen	*Impatiens*-Neuguinea-Grp.	○ bis ◐	braucht viel Wasser und Wärme, blüht in einem kühlen Sommer schlecht
Fleißiges Lieschen	*Impatiens walleriana*	◐ bis ●	blüht ausdauernd von Juni bis Oktober
Kanonierblume	*Pilea microphylla*	○ bis ◐	farnähnliches, zartes Blattwerk für Randbepflanzung
Knollen-Begonie	*Begonia*-Tuberhybrida-Grp.	◐	großblütig, für große Gräber
Leberbalsam	*Ageratum houstonianum*	○ bis ◐	niedrig bleibende Sorten wählen (z.B: 'Blaue Donau', 'Bavaria')
Männertreu	*Lobelia erinus*	○	hält oft nicht den ganzen Sommer durch

plätze

Männertreu (*Lobelia erinus*) dem Farbenspektrum je nach Sorte bei.

Das Sortiment an geeigneten Sommerblumen erweitert sich ständig. Erst vor wenigen Jahren sind die neu gezüchteten **Tapien-Verbenen** (*Verbena*-Tapien-Hybriden) hinzugekommen. Normalerweise hängen sie wie lange Schleppen aus Balkonkästen. Sie überziehen jedoch genauso gut wie ein Teppich ebene Flächen. An den aufliegenden Stellen bewurzeln sie sich und sorgen so für guten Bodenschluss. Die Tapien-Verbenen mit den ganz feinen Blattfiedern gibt es in Rosa, in einem Blauviolett, in Weiß und Rot in Gärtnereien zu kaufen. Diese Neuzüchtungen werden nur vegetativ aus Stecklingen vermehrt. Andere Verbenen eignen sich auch für die Grabbepflanzung. Sie wachsen jedoch kompakter, nicht so ausgeprägt teppichartig.

Ein ähnliches Wuchsbild hat die **Schneeflockenblume** (*Bacopa campanulata*). Normalerweise umspielt sie Balkonkästen oder hängt aus Ampeln, sie bedeckt jedoch genauso gut eine ebene Fläche. Mit ihren kleinen wei-

Sommerblumen fürs Grab (Fortsetzung)

Pflanzenart	Botanischer Name	Standort	Besonderheiten
Papageienblatt	*Alternanthera ficifolia*	○	grünlaubige und rotlaubige Sorte für Teppichbeete
Petunie	*Petunia integrifolia, P. axillaris* und Hybrid-Sorten	○ bis ◐	regenempfindliche Blüten
Salbei, Feuer-Salbei	*Salvia splendens*	○	rosa oder violett blühende Sorten verwenden
Salbei, Mehl-Salbei	*Salvia farinacea*	○	aufstrebender Wuchs, schöne Farbwirkung durch graugrünes Blatt und dunkelblaue Blüte
Schneeflockenblume	*Bacopa campanulata*	○ bis ◐	breitet sich wie ein Teppich aus
Sommer-Nelke	*Dianthus chinenis*	○	Nelkenpflanzungen alle zwei bis drei Jahre erneuern (Stecklinge/Neuaussaat)
Sonnenhut	*Rudbeckia hirta*	○	kompakte Sorte wählen, z.B. 'Toto'
Studentenblume	*Tagetes*-Arten und -Sorten	○	begehrt bei Schnecken
Verbene	z.B. *Verbena*-Tapien-Hybriden	○	breitet sich wie ein Teppich aus
Zinnie	*Zinnia elegans*	○	lange haltbare Blüten; kompakte Sorten wählen, z.B. aus der 'Profusion'-Serie

Zeichenlegende: ○ Sonne ◐ Halbschatten ● Schatten

ßen oder hellblauen Blüten wirkt sie recht duftig. Das Braunwurzgewächs gedeiht in der Sonne und im Halbschatten.

Gelbe Farbtöne kommen mit niedrigen **Studentenblumen** (Hybriden von *Tagetes patula*), mit **Husarenknöpfchen** (*Sanvitalia procumbens*), mit **Mittagsgold** (*Gazania*-Hybriden) und dem einjährig gezogenen **Rauen Sonnenhut** (*Rudbeckia hirta*) in die eher gedeckte Friedhofsatmosphäre. Ganz wichtig ist hier wie bei den anderen Sommerblumen auch die richtige Sortenwahl. Wer die Pflanzen selbst anzieht, sollte auf dem Samenpäckchen die Angaben über die Wuchshöhe aufmerksam lesen. Auf die kleine Grabfläche passen nur niedrige, kompakte Züchtungen, beim Rauen Sonnenhut zum Beispiel die Sorte 'Toto' mit nur etwa 30 cm hohen Blütenständen in Dottergelb mit schwarzer Mitte.

Diese Empfehlung gilt ebenso für die Zinnien. Die in den Gärten angebaute **Zinnie** (*Zinnia elegans*) ist eine hervorragende Schnittblume, deren Blüten draußen und in der Vase lange halten. Für den Friedhof wird sie jedoch viel zu hoch, sie passt vom Wuchsbild nicht auf die kleine Fläche. Neue Züchtungen aus der 'Profusion'-Serie wachsen kompakt und werden nur etwa 30 cm hoch. Sorten gibt es in Kirschfarben, Orange und Weiß.

Eigentlich eignen sich alle niedrigen Blumen aus dem Balkonblumensortiment für die Grabbepflanzung. Innovative Gärtner kommen immer wieder auf neue Ideen, neuerdings bieten sie beispielsweise niedrig bleibende **Sonnenblumen** (*Helianthus annuus*) oder **Torenien** (*Torenia fournieri*) an.

Sommerblumen mit aufrechtem Wuchs

Zu dieser Grundbepflanzung aus niedrigen Einjährigen passen Sommerblumen, die in die Höhe streben. Das können die schon erwähnten Edel-Lieschen oder Knollen-Begonien sein. Oft schmücken **Geranien** (*Pelargonium*-Zonale-Hybriden) oder **Fuchsien** (*Fuchsia*-Hybriden) die Gräber. Wer möchte, kann Geranien und Fuchsien vom Friedhof im Haus überwintern oder durch Stecklinge immer wieder neu vermehren, so wie Pflanzenfreunde es mit den Zöglingen im Kübel rund ums Haus auch tun. Beim Überwintern im Haus dürfen die Pflanzen kaum gegossen werden. Und um dem Schädlingsbefall vorzubeugen, werden die Fuchsien beim Einräumen vor dem Frost stark zurückgeschnitten und ganz entblättert.

Gelegentlich findet man auch blau oder weiß blühenden **Mehl-Salbei** (*Salvia farinacea*) oder rot blühenden **Feuer-Salbei** (*Salvia splendens*). Experimentierfreudige Angehörige pflanzen sogar das **Zigarettenblümchen** (*Cuphea ignea*) mit seinen langen, granatroten Blüten aufs Grab. Sehr interessant wirken auch die langkelchigen Blüten des **Zier-Tabaks** (*Nicotiana alata*) – hier hält der Markt auch niedrig bleibende neue Sorten wie 'Havanna Apple Blossom' mit weiß-rosa Blüten oder 'Merlin Peach' in Grün mit Apricot-Tönen bereit.

Einen zarten Vanilleduft auf etwa 50 cm langen Trieben, dazu noch kräftig marineblaue Blütendolden bietet der **Heliotrop** (*Heliotropium arborescens*). Sofern Sie im Spätsommer Stecklinge schneiden und frostfrei aufstellen, können Sie diese Duftpflanze auch überwintern und im Folgejahr wieder aufs Grab bringen.

Welche Blumenart Sie wählen, hängt außer vom persönlichen Geschmack auch vom Standort ab. Geranien mögen volle Sonne. Fuchsien, Edel-Lieschen und Knollen-Begonien bevorzugen leicht beschattete Flächen. Wenn sie regelmäßig gegossen werden, gedeihen sie aber auch in der Sonne hervorragend.

Oben: Echeverien zur Einfassung der Pflanzflächen für den Wechselflor – hier mit einer Sorte der Eis-Begonie. Echeverien sind nicht frosthart und müssen im Herbst ins Haus geholt werden.
Unten: Die einjährige Kanonierblume umgibt die Grabfläche mit einem duftigen Rahmen.

Blattschmuckpflanzen
In manchen Gegenden ist es üblich, im Sommer die Gräber mit niedrigen Teppichpflanzen, die durch ihr Blattwerk wirken, zu gestalten. Diese Mode aus der Kaiserzeit hat sich auf dem Friedhof vereinzelt erhalten. Mit den grünen, blauen und roten Blättern und deren interessanten Strukturen entstehen so dekorative Muster. Diese Blattschmuckpflanzen säumen oft die Ränder der Gräber unmittelbar hinter der Einfassung.

Häufig verwendet werden die **Echeverien** (*Echeveria peacockii*). Sie bilden blaugrüne Blattrosetten aus und ähneln sehr den **Dachwurzen** (*Sempervivum*). Bekannt sind Echeverien auch als sehr robuste und trockenheitsverträgliche Zimmerpflanzen. Nach einiger Zeit erscheinen an langen Stängeln die orangefarben-rötlichen Blüten. Die Echeverien bilden einen passenden Rahmen für niedrige Eis-Begonien.

Zu den Echeverien passt das teppichartig wachsende **Papageienblatt** (*Alternanthera ficoidea*) sehr gut. Durch ständiges Stutzen lässt es sich sehr niedrig halten. Das Papageienblatt gibt es mit grünrotem (Sorte 'Bettzickiana') oder mit grüngelbem (Sorte 'Bettzickiana Aurea') Blattwerk. Die tropische Pflanze aus der Familie der Fuchsschwanzgewächse ist nicht winterhart. Die Gärtner überwintern sie im Gewächshaus und vermehren sie durch Stecklinge. Ausgepflanzt wird nach den Eisheiligen.

Wahl des Wechselflors: Robust oder empfindlich?

Am meisten Freude hat man mit Sommerblumen, die ausdauernd blühen und sich selber putzen. In der Beziehung sind **Eis-Begonien** ideal. Sie trotzen Regen und Sonnenhitze. Erst im kühlen Herbst lässt der Flor nach. **Fleißige Lieschen** dagegen sind etwas temperaturempfindlich. Bei kühlem Wetter wachsen und blühen sie kaum. Erst wenn es wieder wärmer wird, erscheinen neue Blütenknospen. **Pelargonien** wiederum mögen es warm und trocken. Regen schadet der Blüte. Sie putzen sich nicht selbst, man muss die verwelkten Blütenstände ausbrechen. Ebenfalls regenempfindlich sind **Petunien**. Und **Lobelien** sterben nach längeren Trockenphasen im Sommer ab.

Das Papageienblatt wird häufig mit der gelbgrünen **Sommerzypresse** (*Bassia scoparia*) kombiniert, die buschig-aufrecht wächst. Sie wird jedes Jahr neu aus Samen vermehrt und kommt erst nach den Eisheiligen im Mai ins Freiland. Im Sommer wird das feine Blattwerk frisch grün und färbt sich bei manchen Sorten ('Trichophylla') im Herbst sogar rötlich.

Ausgesprochen hübsch sieht die farnähnliche **Kanonierblume** (*Pilea microphylla*) aus. Man mag kaum glauben, dass dieses Gewächs mit den gefiederten grasgrünen Blattwedeln zu den Brennnesselgewächsen zählt. Die Gärtner vermehren die Kanonierblume durch Triebstecklinge. Die Pflanzen werden im Mai zusammen mit den Balkonblumen verkauft. Leider ist diese ausgesprochen dekorative Pflanze nicht überall zu haben. Durch ständiges Entspitzen und Stutzen wachsen die Triebe teppichartig zusammen.

Seit einigen Jahren sieht man die **Bunt-Nessel** (*Solenostemon scutellarioides*) wieder häufiger – im Garten genauso wie auf Fensterbänken, in Blumenkästen und auf dem Friedhof. Es erfordert schon etwas Mut, diese auffälligen Pflanzen aufs Grab zu pflanzen. Mit ihren kontrastreichen, rot, rosa, purpurn, grün, gelb und weiß gefärbten Blättern ergeben sich interessante Effekte. Für den Friedhof sind kompakt wachsende Typen wie die 'Wizard'-Mischung geeignet. Die wachsen gedrungen, verzweigen sich von unten her und haben kleinere Blätter.

Herbststimmung

Im Herbst werden die Sommerblumen meistens gegen **Stiefmütterchen** (*Viola* × *wittrockiana*) oder **Horn-Veilchen** (*Viola cornuta*) ausgetauscht. Dann herrscht auf den Friedhöfen Hochbetrieb, die Angehörigen suchen mit Kisten voller Pflanzen und mit Handgartengeräten das Grab auf. Die Gärtner haben Stiefmütterchen in vielen Farben und Farbkombinationen im Angebot. In vielen Regionen war es früher üblich, die Gräber vollflächig mit Stiefmütterchen zu bepflanzen. Die Pflanzen wurden selbstverständlich selbst herangezogen – bei den großen Mengen, die für ein Doppelgrab benötigt werden, lässt sich damit viel Geld sparen. Bei einem Pflanzab-

Sommer-Heide in verschiedenen Farben füllt die große Tonschale auf einem großen Familiengrab mit Gehölzen.

stand von etwa 20 cm braucht man für ein vollständig mit Stiefmütterchen eingepflanztes Doppelgrab immerhin ungefähr 100 Pflanzen.

Das herbstliche Einpflanzen mit Stiefmütterchen hat jedoch nicht überall Tradition. Auf manchen Friedhöfen bestimmen die **Eriken** (*Erica gracilis*) das Erscheinungsbild im Herbst. Silber- und Violetttöne sind die Friedhofsfarben des Herbstes, vertreten durch **Silberblatt** (*Senecio cineraria*) und **Stacheldraht** (*Calocephalus brownii*), **Schnee-** (*Erica carnea*) und **Sommer-Heide** (*Calluna vulgaris*). Dazu die gelb blühende **Ajanie** (*Ajania*) mit silbern gerandeten Blättern, **Herbst-Chrysanthemen** (*Dendranthema*) in stimmungsvollen Farben und blau blühende **Strauchveronika** (*Hebe × andersonii*), **Torfmyrte** (*Pernettya mucronata*) oder **Zier-Gräser**. Jeder Gärtner setzt die Akzente wieder anders. Manche bringen mit roter oder grüner **Zier-Paprika** (*Capsicum annuum*) Farbe ins Spiel. Und warum nicht einmal **Zier-Kohl** (Sorten von *Brassica oleracea*) ausprobieren? Der recht frostharte Zier-Kohl bildet erst im Herbst seine bunten Blattrosetten mit den krausen Rändern aus. Hübsch ausgefärbt sind die Rosetten bei der Sorte 'Gefranster Gemischt'.

Von den Pflanzen, die Hobbygärtner für den Garten anziehen, kann wenigstens ein Exemplar auch aufs Grab oder in eine Schale. Die **Alpenveilchen** (*Cyclamen persicum*) sind eher etwas für das mildere Klima in der Stadt. In kühlen Gegenden sollten

Herbstschmuckpflanzen für Schale und Beet

Pflanzenart	Botanischer Name	Eigenschaft	Bemerkungen
Ajanie	*Ajania pacifica*	frosthart bis etwa –10 °C	gelbe Blüten, silbrig gerandete Blätter
Alpenveilchen	*Cyclamen persicum*	verträgt Frost bis etwa –2 °C	nur für Herbstbepflanzung
Heide	*Erica gracilis*	stirbt im Winter ab, wird braun	aufrechter Wuchs
Herbstchrysantheme	*Dendranthema × grandiflorum*	winterharte Staude	darf nicht nass stehen
Horn-Veilchen	*Viola cornuta*	wintern manchmal aus	kleinblütig, sehr ausdauernd
Kriechender Günsel	*Ajuga reptans*	winterharte Staude	bildet Ausläufer, Sorten mit purpurvioletten Blättern
Rote Teppichbeere	*Gaultheria procumbens*	immergrün	rote Beeren
Salbei	*Salvia officinalis*	Halbstrauch	wird einjährig kultiviert, Sorten 'Icterina', 'Purpurascens'
Silberblatt	*Senecio cineraria*	bedingt frosthart	wird einjährig kultiviert
Skimmie	*Skimmia japonica*	immergrüner Strauch	rote Früchte
Sommerheide, Calluna-Knospenblüher	*Calluna vulgaris*	hält lange aus	Sorten in weißen und rosa Farbtönen
Stacheldraht	*Calocephalus brownii*	stirbt im Winter ab	bleibt silbrig-grau
Stiefmütterchen	*Viola × wittrockiana*	wintern manchmal aus	großblumige Sorten sind regenempfindlicher
Strauchveronika	*Hebe × andersonii*	wintergrün	Sorten mit weißbuntem Laub
Torfmyrte	*Pernettya mucronata*	ausdauernd, immergrün	Früchte weiß, rosa, rot und purpurn
Zier-Gras	*Acorus gramineus* 'Variegata'	nicht winterhart	grün-gelb, für Schalen
Zier-Kohl	*Brassica oleracea*	hält einige Frostgrade aus	entwickelt sich erst im Herbst
Zier-Paprika	*Capsicum annuum*	stirbt im Winter ab	Früchte gelb oder rot

Heidegewächse: Erica oder Calluna?
Jahrzehntelang brachten die dunkelrosafarbenen *Erica gracilis* im Herbst die Farbe auf den Friedhof. Diese Gehölzart wächst buschig und strebt in die Höhe. Ihr Nachteil ist jedoch, dass sie nicht winterhart ist. Ihr Wurzelballen trocknet oft schon lange vor dem Winteranbruch aus, die Pflanzen verdorren leicht.

Wesentlich ausdauernder ist Sommer- oder Besenheide (*Calluna vulgaris*-Knospenblüher), die in vielen Sorten, in allen Rosa-Tönen und in Weiß und sogar gefüllt angeboten wird. Der große Vorteil der Sommerheide ist, dass ihre Blüten den Winter über am Geäst hängen bleiben, solange der Wurzelballen feucht gehalten wird. Man kann Besenheide direkt aufs Beet oder in Schalen pflanzen. Zusammen mit Silberblatt (*Senecio cineraria*), Stacheldraht (*Calocephalus brownii*) und Salbei (*Salvia officinalis*) ergeben sich aparte Kombinationen.

Die dritte im Bunde der Heidepflanzen ist die Schnee-Heide (*Erica carnea*). Dieses ausdauernde niedrige Gehölz blüht im Spätwinter ab Februar, spätestens im März. Es gibt Sorten in Weiß, Rosa und Karminrot. Diese Heideart sollte immer in größeren Stückzahlen gepflanzt werden, ein Pflänzchen allein wirkt nicht.

Der frostverträgliche Zier-Kohl eignet sich zusammen mit Heide und Gräsern hervorragend für den herbstlichen Grabschmuck.

Sie besser auf diese zierlichen Pflanzen verzichten, denn sie erfrieren bei wenigen Grad unter dem Gefrierpunkt – selbst die kleinen Freiland-Alpenveilchen (*Cyclamen coum* oder *Cyclamen neapolitanum*) sind sehr empfindlich und erfrieren im Winter oft. Außerdem sind diese Winzlinge für die Grabfläche von Erdgräbern zu klein.

Die Friedhofsgärtner pflanzen die Herbstblüher in Schalen oder in Ringe, direkt ins Beet oder auf einen kleinen Hügel, jeweils ziemlich eng. Auf dem Land gehen die Angehörigen sparsam mit den teuren Herbstblühern um und lassen viel Abstand dazwischen. Auf manchen ländlichen Friedhöfen hat eine solche Pflanzweise Tradition. Nach ungeschriebenem Gesetz stehen da die Gewächse in weitem Abstand in sauber geharkter dunkler Friedhofserde. Manche legen ein paar Steinchen dazu und rahmen sie mit Rindenstücken ein.

Im Herbst sollten Sie auch daran denken, die Zwiebeln von Krokussen, Schneeglöckchen und Narzissen (siehe Seite 64 f.) einzusetzen. Für die kleine Grabfläche sollten es nur niedrige Tulpen- und Narzissensorten sein. Die Zwiebeln können Sie entweder unregelmäßig in Horsten oder zwischen den Bodendeckern verteilen. Die an-

In manchen Gegenden ist es Brauch, die Gräber zu Allerheiligen mit Koniferengrün einzudecken. Eine hübsche Idee ist es, mit Zweigen der Gemeinen Fichte und der Blau-Fichte Muster zu stecken.

dere Möglichkeit ist, sie recht dicht zu geometrischen Formen zusammenzufassen.

Das Grab im Winter

Viele Herbstblüher bleiben, wenn sie ausreichend frosthart sind, den Winter über auf dem Grab stehen. Mit ihren auffallenden Blatt- und Blütenstrukturen kommen sie vor einem eher ruhigen Hintergrund am besten zur Geltung. Ein passender Rahmen sind immergrüne Bodendecker oder Koniferenreisig, das einfach in die Erde gesteckt wird.

In manchen Regionen ist es üblich, das Grab im Winter mit dekorativ zurecht gelegtem Koniferenreisig abzudecken. Auf manchen Friedhöfen sind akkurat gesteckte Muster ein wichtiges Gestaltungselement, und es lassen sich mit Zweigen von Blau-Fichte, Edel-Tanne, Wacholder oder Scheinzypresse interessante Effekte erzielen. Es scheint fast so, als ob sich die Angehörigen beim Stecken der Muster gegenseitig übertreffen wollten. In fast jedem Garten steht ein immergrünes Nadelgehölz, das auf diese Weise sinnvoll genutzt werden kann. So kostet die Winterabdeckung nichts. Auf einem Friedhof, den ich einmal besucht habe, steckten die Angehörigen als farblichen Kontrast Hagebuttenzweige und ein wenig Moos dazu.

Die Abdeckung auf dem Grab dient ursprünglich dazu, frostempfindliche Gewächse zu schützen. Ich beobachte jedoch häufig, dass dabei übertrieben wird. Eine lockere Abdeckung aus Koniferenzweigen ist meist nur bei frisch gepflanzten Gehölzen oder Stauden nötig, und auch das erst am Ende des Winters, wenn wechselnde Temperaturen und starke Sonneneinstrahlung am Tag den Gewächsen zu schaffen machen. Andererseits schätzen viele Menschen die Abdeckung mit Koniferen, weil das Grab so sauber und aufgeräumt aussieht.

Mit Stauden schmücken

Oft werden die Saisonblumen mit ausdauernden Stauden oder mit Boden deckenden Gehölzen kombiniert. Ein solches Grab kann formal oder frei gestaltet sein, es könnte beispielsweise wie ein Landschaftsgarten im Kleinformat aussehen. Wer die Grabstelle mit den Ein- und Mehrjährigen und Gehölzen frei gestalten will, muss die Pflanzen mit ihren Eigenschaften wie Wuchshöhe und Blütenfarbe allerdings

Gekonnte Grabgestaltung mit Stauden: Die Gräser mit ihrem aufstrebenden Wuchs und Polsterstauden ergänzen sich auf der kleinen Fläche gut.

Polster-Glockenblumen fassen dieses Grab auf einem ländlichen Friedhof ein. Die rosafarbenen Eis-Begonien als Wechselflor passen gut dazu.

sehr gut kennen, damit die Pflanzung harmonisch wirkt.

Einfacher als die freie Gestaltung ist es, nach einem klaren Schema vorzugehen, etwa im Stil der alten Bauerngärten mit Einfassungen aus Halbgehölzen, Stauden oder niedrigen, geschnittenen Buchsbaumhecken. Das ist eine äußerst praktische und dazu noch immer aufgeräumt wirkende Lösung. Durch den breiten Pflanzstreifen am Rand entlang wird die Fläche für die Wechselbepflanzung aus Stiefmütterchen, Veilchen oder Eis-Begonien kleiner. Statt 80 oder 100 Pflanzen braucht man dann nur noch 30 oder 40 und spart damit auch einiges an Geld.

Die Friedhofsgärtner können hier aus einer großen Vielfalt an Polsterstauden auswählen: Auf manchen sonnig gelegenen Friedhöfen ist traditionelles **Sternmoos** (*Sagina*) oder die **Grasnelke** (*Armeria*) verbreitet, anderswo nimmt man **Polster-Glockenblumen** (*Campanula*), **Polster-Steinbrech** (*Saxifraga*), **Dachwurz** (*Sempervivum*) oder **niedrig bleibende Fetthennen** (*Sedum*). Auf Waldfriedhöfen mit ihren hohen Bäumen und dem dichten Strauchwerk wachsen die schattenverträgliche **Golderdbeere** (*Waldsteinia*) oder **Porzellanblümchen** (*Saxifraga umbrosa*).

Als weitere Möglichkeit bietet es sich an, eine einzige Teppich bildende Staudenart über die ganze Grabfläche wachsen zu lassen. Das kann ausgesprochen elegant und in Verbindung mit einem schön gestalteten Grab-

Die flachen Polster des Sternmooses bilden den Rahmen um die herzförmig gepflanzten Eis-Begonien. Säulen-Eiben stehen links und rechts vom Grabstein.

denkmal sehr repräsentativ wirken. Auf großen Familiengrabstätten in der Stadt ist eine solche klare Lösung oft zu sehen: quadratmeterweise **Fetthenne** (*Sedum* 'Immergrünchen') oder **Stachelnüsschen** (*Acaena*).

Polsterstauden für Rand oder Fläche

Das **Sternmoos** (*Sagina subulata*) breitet sich manchmal wie ein Moosteppich über eine ganze Grabstelle aus. Der Name charakterisiert das kleine Pflänzchen sehr treffend. Ich habe schon riesige Familiengräber gesehen, die vollkommen von Sternmoos überwachsen waren. Das sieht ausgesprochen schön aus, verlangt aber auch einige Pflege. Das niedrige Sternmoos ist kein richtiges Moos, sondern ein Nelkengewächs. Bei genauerem Hinschauen erkennt man diese Familienzugehörigkeit an der Blattform und an den weißen Sternchenblüten. Es schätzt leichte sandige, nicht zu trockene Böden und gedeiht auch noch im Halbschatten.

Dichte Polster bildet der **Kriech-Thymian** (*Thymus serpyllum* 'Coccineus'). Er bevorzugt leichte Böden. Seit einiger Zeit pflanzen die Friedhofsgärtner **Zitronen-Thymian** (*Thymus × citriodorus*, zum Beispiel die Sorte 'Golden Dwarf') flächig aufs Grab. Mutig, doch sehr dekorativ – etwas für außergewöhnliche Gestaltungen in nicht allzu rauen Lagen, denn der wärmebedürftige Zitronen-Thymian wintert häufig aus.

Wie Moospolster legen sich manche **Steinbrech-Gewächse** (*Saxifraga arendsii, S. trifurcata*) über den Boden. Es gibt klein- und großblättrige Arten und Sorten. Die weißen, rosafarbenen oder purpurroten Blütchen erscheinen auf langen, dünnen Stängelchen. Die muss man im Laufe des Sommers nach dem Vertrocknen abschneiden. Für schattige Lagen ist aus der Verwandtschaft **Schatten-Steinbrech** geeignet, auch Porzellanblümchen (*Saxifraga umbrosa*) genannt.

Die **Grasnelke** (*Armeria maritima*), die aus dem Steingarten bekannt ist, wächst ebenfalls polsterartig, deckt aber größere Flächen nicht so gut ab. Sie sieht jedoch als Einfassungsstaude immer gut aus. Ihre schmalen, grasartigen Blätter bleiben auch im Winter grün. Sehr dekorativ ist diese Staude mit ihren kugeligen Blütenständen auf langen Stielen zur Blütezeit im Mai. Nach der Blüte wird lediglich das Abgeblühte abgeschnitten.

Als Bodendecker eignet sich das **Stachelnüsschen** (*Acaena buchananii*) mit seinen gefiederten, silbergrauen Blättern sehr gut. Es wird nur etwa 5 cm hoch und bildet mit seinen unterirdischen Ausläufern dichte Rasen. Es nimmt mit trockenem Boden vorlieb. Die auffälligen Fruchtstände haben der Pflanze aus der Familie der Rosengewächse ihren Namen gegeben. Eine andere Stachelnüsschen-Art – *Acaena microphylla* – hat eher bräunlich-grün gefärbtes Blattwerk.

Eine weitere Neuentdeckung der Friedhofsgärtner für die Boden deckende Grabbepflanzung ist das **Pfennigkraut** (*Lysimachia nummularia*). Es ist eine Wildstaude, die bei uns auf feuchten Wiesen und an Bachufern wächst. Flächendeckend gepflanzt, hat es eine überraschend dekorative Wirkung. Zwischen dem gelblich-grünen Blattwerk erscheinen die goldgelben Blüten. Dagegen bildet das **Katzenpfötchen** (*Antennaria dioica*) einen silbergrauen Teppich.
Es gedeiht noch auf sehr mageren, sonnigen Plätzen. Ein hübscher Schmuck sind die Strohblümchen ähnelnden Blüten.

Das **Andenpolster** (*Azorella trifurcata*) mit dichten dunkelgrünen Blättchen und grünlichgelben Blütchen ist ebenfalls ein attraktiver Bodendecker, genauso wie das **Fiederpolster** oder die Laugenblume (*Cotula squalida*) mit fiederteiligen, farnähnlichen, bräunlichen Blättchen, die nur etwa 4 cm lang werden. Ein weiterer, wenig bekannter Bodendecker fürs Grab ist das **Bruchkraut** (*Herniaria glabra*). Es gedeiht gut auf durchlässigen, sandigen Böden. Leider sieht man die zuletzt genannten Stauden selten auf den Gräbern. Das liegt vor allem daran, dass sie nur in spezialisierten Gärtnereien zu bekommen sind. Friedhofsgärtner habe sie meistens nicht im Sortiment. Alle fünf bilden ganz niedrige, dichte Teppiche aus. Sie wirken durch ihr fein geschnittenes oder gefiedertes Laub. Nur eine zu dichte Abdeckung im Winter mögen sie nicht.

Das Stachelnüsschen bietet sich als Bodendecker für sonnige Grabstellen an. Das eigenartige Pflänzchen wird bisher viel zu selten zur Grabbepflanzung verwendet.

Ein weiterer hübscher Bodendecker ist die **Silberwurz** (*Dryas octopetala*), die in den Alpen auf Bergmatten wild wächst. Für die Grabbepflanzung eignet sich auch die starkwüchsige Kreuzung *Dryas* × *suendermannii* gut. Wenn jemand gerne in den Bergen gewandert ist, kann die Pflanze zum Gedenken an dortige Erlebnisse stehen.

Sehr trockenheitsverträglich sind die **Fetthennen** (*Sedum*). Empfehlenswert ist hier die gelb blühende Sorte *Sedum floriferum* 'Weihenstephaner Gold'. Sie sieht auch außerhalb der Blütezeit ordentlich aus und bildet eine dichte Bodendecke aus. Als sehr wertvoll gilt die Sibirische Fetthenne (*Sedum hybridum* 'Immergrünchen') mit hellgrünen Blättchen. Nicht ganz so dicht wachsen andere Fetthennen-Arten wie die Weiße Fetthenne (*Sedum album*) oder die Kaukasus-Fetthenne (*Sedum spurium*). Bei manchen verfärbt sich das sukkulente Laub im Winter rötlich. Die höhere Herbst-Fetthenne (*Sedum telephium*, *S. spectabile*) passt nicht an den Rand, sie steht für sich eher in der Nähe des Grabmals. Ein interessanter Effekt lässt sich mit dem graublauen *Sedum pachyclados* erzielen.

Im Prinzip können Sie jede Polster bildende Staude aus dem Steingarten auch auf dem Friedhof verwenden. Die bisher genannten Arten wirken auch, wenn sie nicht blühen. Sie bilden eher einen grünen Rahmen. Andere Polsterpflanzen fallen während der Blütezeit besonders ins Auge, im Frühjahr zum Beispiel die **Gänsekresse** (*Arabis procurrens*), die dichte tiefgrüne Polster bildet. Von der Gänsekresse gibt es eine hübsche weißbunte Variante (*Arabis ferdinandi-coburgi* 'Variegata'), deren Polster auch im Winter zieren. Ebenfalls immergrün sind die Polster der **Schleifenblume** (*Iberis sempervirens*). Der Frühlingsblüher ist im Steingarten unentbehrlich, auf dem Grab kann er aber schnell zu groß werden. Die **Polster-Glockenblumen** (*Campanula portenschlagiana*, *C. porscharskyana*, *C. carpatica*) fallen mit ihren wunderschönen blauvioletten Blüten auf. Nach der Hauptblüte im Mai und Juni legt die Staude eine Blühpause ein und schiebt im August noch einmal neue Blüten nach.

Bodendecker-Stauden unter Bäumen

Neben den genannten traditionell verwendeten Blumenarten sind einige neuere Arten auf die Friedhöfe eingezogen, die auch an schattigen Plätzen gedeihen. Hübsch ist beispielsweise die **Golderdbeere,** Waldsteinie oder Ungarwurz (*Waldsteinia ternata*) mit gelben, erdbeerartigen Blütchen. Die wüchsige, Ausläufer bildende Staude bedeckt den Boden schnell und bleibt auch im Winter grün. Neben ihrer Wuchsfreude hat diese Art den Vorteil, dass sie schattenverträglich ist und das Laub der Bäume „schluckt".

An den gleichen Standorten im lichten Schatten gedeiht auch die **Schaumblüte** (*Tiarella cordifolia*). Die Staude breitet sich über unterirdische Ausläufer gut aus. Ihre Blätter färben sich im Winter kupferfarben. Im Frühjahr schmückt sie sich mit duftigen cremeweißen Blütenkerzen. Am besten kommt das schöne Wuchsbild auf einer größeren Fläche zur Geltung.

Auch **Storchschnabel**-Arten (*Geranium* spec.), **Gedenkemein** (*Omphalodes verna*), **Porzellanblümchen** (*Saxifraga umbrosa*), **Purpurglöckchen** (*Heuchera* × *brizoides*) und **Kriechender Günsel** (*Ajuga reptans*) vertragen leichten Schatten. Ein hübscher Bodendecker für sonnige und schattige Standorte ist die niedrige **Zwerg-As-**

Bodendeckerstauden für sonnige und schattige Standorte

Pflanzenart	Botanischer Name, Sorte	Standort	Wuchshöhe in cm
Andenpolster	*Azorella trifurcata*	○ bis ◐	5
Astilbe	*Astilbe chinensis* 'Pumila'	○ bis ●	20
Bruchkraut	*Herniaria glabra*	○	5
Elfenblume	*Epimedium* spec.	◐ bis ●	20 bis 30
Fetthenne	*Sedum album*	○	5
Fetthenne	*Sedum floriferum* 'Weihenstephaner Gold'	○	10
Fetthenne	*Sedum hybridum* 'Immergrünchen'	○	15
Fiederpolster	*Cotula squalida*	○ bis ◐	5
Frauenmantel	*Alchemilla erythropoda*	○ bis ●	10
Gedenkemein	*Omphalodes verna*	◐ bis ●	15
Glockenblume	*Campanula portenschlagiana*	○	15, wuchert
Grasnelke	*Armeria maritima*	○	bis 20
Haselwurz	*Asarum europaea*	◐ bis ●	10
Katzenpfötchen	*Antennaria dioica*	○	5
Kriechender Günsel	*Ajuga reptans* in Sorten	○ bis ●	15
Pfennigkraut	*Lysimachia nummularia*	○ bis ◐	5
Porzellanblümchen	*Saxifraga umbrosa*	◐ bis ●	20 bis 30
Purpurglöckchen	*Heuchera × brizoides*	○ bis ◐	50
Schaumblüte	*Tiarella cordifolia*	◐ bis ●	20
Schleifenblume	*Iberis saxatilis*	○	10
Silberwurz	*Dryas × suendermannii*	○	15
Stachelnüsschen	*Acaena buchananii*	○	5
Steinbrech	*Saxifraga trifurcata*	◐ bis ●	15
Polster-Steinbrech	*Saxifraga arendsii*	◐ bis ●	15
Sternmoos	*Sagina subulata*	○ bis ◐	5
Storchschnabel	*Geranium cantabrigiense* 'Biokovo' *Geranium macrorrhizum*	○ bis ◐	20
Thymian	*Thymus serpyllum*	○	5
Waldsteinie, Golderdbeere	*Waldsteinia ternata*	◐ bis ●	10
Zitronen-Thymian	*Thymus × citriodorus*	○	15

tilbe (*Astilbe chinensis* var. *pumila*). Im Laufe der Zeit breitet sich die Zwerg-Astilbe durch Wurzelausläufer aus. Ihre Blätter liegen dicht dem Boden an, nur die Blütenstände erheben sich wie Kerzen aus dem Blätterteppich.

Polster- und Bodendeckerstauden pflegen

Die Polstergewächse brauchen etwas Pflege. Sie decken den Boden zwar gut ab und unterdrücken das Unkraut. Mit der Zeit bilden sich jedoch Wülste

Dichte Decke
Alle Bodendeckerstauden werden sehr eng gepflanzt, damit sie die Fläche auf dem Grab schnell bedecken. Die Friedhofsgärtner rechnen je nach Pflanze und Topfgröße mit Pflanzdichten von 20 bis 30 Stück/m². Zierliche Gewächse wie das Fiederpolster (*Cotula squalida*) pflanzt man noch dichter mit 30 bis 40 Pflanzen/m².

durch Auffrieren oder durch die Aktivität der Regenwürmer oder Ameisen. Regenwurmhäufchen oben auf dem Polster deuten darauf hin. Manchmal entdecken auch die Vögel den gedeckten Tisch mit Regenwürmern, picken in den Polstern herum und zerfleddern den Bewuchs. Wenn die Einfassungen aus Polsterstauden schön aussehen sollen, müssen Sie sie nach dem Winter wieder festdrücken, eventuell auch hochnehmen und den Untergrund einebnen. Aber diese kleine Mühe hat sich gelohnt, wenn das Polster sich wieder frisch und grün ausbreitet.

Einige Bodendeckerstauden verfaulen oder verkahlen, wenn die Blätter der Linden oder Eichen auf ihnen liegen bleiben. Empfindlich sind in der Beziehung das Sternmoos, das Andenpolster und das Fiederpolster.

Farne und Gräser für schattige Plätze

Anders als die Bodendeckerstauden brauchen die höher aufstrebenden Gräser und die Farne mehr Platz. Sie stehen meistens einzeln, allenfalls in kleineren Gruppen und können sich nach oben und zur Seite hin entfalten. Malerische Wuchsbilder entstehen dabei. Einige Seggen und Simsen breiten sich im Laufe der Zeit aus. Schattenverträgliche Gräser und Farne bleiben

Schattenverträgliche Gräser und Farne fürs Grab

Pflanzenart	Botanischer Name	Wuchshöhe in cm	Besonderheiten
Frauenfarn	*Athyrium filix-femina*	70	anspruchslos
Hirschzungenfarn	*Phyllitis scolopendrium* in Sorten	30	immergrün, für kalkhaltige Böden, Sorten mit gekrausten und gewellten Rändern
Japan-Segge	*Carex morrowii* 'Variegata'	30 bis 40	wintergrün, Halme gelb gerandet, sehr dekorativ
Wald-Segge	*Carex sylvatica*	30 bis 60	wintergrün, überhängende Blütenrispen
Wald-Marbel	*Luzula sylvatica*	30 bis 40	wintergrün
Silberrand-Marbel	*Luzula sylvatica* 'Marginata'	25 bis 40	dunkelgrüne Blätter mit silbrigem Rand
Schnee-Marbel	*Luzula nivea*	20 bis 40	immergrün, stark bewimperte Blätter

längere Zeit am Platz, sie brauchen wenig Pflege. Das Entfernen des abgestorbenen Blattwerkes genügt. Für schattige Gräber, die nicht so häufig besucht werden können, sind sie ideal. Auf einem humosen, eher feuchten Boden fühlen sie sich wohl. Schattengräser und Farne lassen sich gut mit niedrigen Bodendeckerstauden und -gehölzen wie Efeu und Immergrün kombinieren. Diese Gräser und Farne gibt es in Staudengärtnereien und in Baumschulen zu kaufen. Die Friedhofsgärtner haben die Arten und Sorten meistens nicht im Sortiment.

Auf schattigen Gräbern gedeihen nur wenige Pflanzen, z.B. Farne und schattenverträgliche Bodendecker wie Immergrün.

Besondere Stauden als Akzent

Viele Stauden, die im Hausgarten auf dem Staudenbeet oder in der Rabatte wachsen, passen genauso gut auf den Friedhof. Ein paar besondere Eigenschaften sollten die höher wachsenden Stauden für die Grabbepflanzung jedoch mitbringen:

- Sie sollten nicht wuchern,
- ihre Blütenstände sollten nicht so hoch wachsen, dass sie bei jedem leichten Windstoß umknicken,
- ihr Blattwerk sollte während der ganzen Vegetationsperiode schön aussehen.

Die nachfolgend genannten Stauden erfüllen diese Kriterien. Nicht geeignet für die kleine Grabfläche sind wuchernde Stauden wie der Gold-Felberich (*Lysimachia vulgaris, L. punctata*) oder die Japan-Anemone (*Anemone hupehensis*), hohe Stauden wie Rittersporn (*Delphinium*-Sorten) und Herbst-Astern (*Aster novae-angliae*). Auch Stauden, deren Blätter im Laufe des Sommers einziehen oder die abgeschnitten werden müssen, weil sie nicht mehr schön aussehen, sind ungünstig: Orientalischer Mohn (*Papaver orientale*), Stauden-Pfingstrosen (*Paeonia lactiflora, P. officinalis*), hochwüchsige Flammenblumen (*Phlox paniculata*), Sonnenauge (*Heliopsis helianthoides*) oder Sonnenbraut (*Helenium autumnale*).

Auf manchen Gräbern fallen besondere Stauden auf. Ich freue mich immer wieder, wenn ich solche individuellen Pflanzungen entdecke. Das sind oft Stauden aus dem Garten der Verstorbenen, vielleicht deren Lieblingsblumen. Oder es sind die Favoriten der Menschen, die sich um das Grab kümmern. Die Menschen in frü-

Ein Edelweiß – vielleicht als greifbare Erinnerung an gemeinsame Bergwanderungen aufs Grab gepflanzt …

Die rundlichen, weiß gerandeten Blätter der Funkie bilden den ruhigen Hintergrund für die Sommerpflanzen mit ihrem feingliedrigen Blattwerk.

heren Zeiten verknüpften zum Beispiel mit Maiglöckchen und Veilchen besondere Werte und setzten sie bewusst als Zeichen, als eine Botschaft in der Blumensprache.

Es sind eher die älteren, halb verwilderten Gräber, auf denen man solche Stauden findet. **Maiglöckchen** (*Convallaria majalis*) sind giftig und heilsam zugleich. Sie wollen in Ruhe gelassen werden, zu viel Hacken schadet ihnen. Vielleicht ist diese Waldstaude vor Jahrzehnten mit Absicht aufs Grab gesetzt worden, als Symbol für die Liebe und als Hoffnung auf das Glück und das Ende des Kummers.

Auch **Aurikeln** (*Primula × pubescens*) lieben ihren Frieden. Diese Frühlingsblumen aus der Schatzkiste unserer Urgroßmütter drücken etwas Anheimelndes, Vertrauen erweckendes aus. Die verwandten **Primeln** (*Primula × hortensis*), Garten-Schlüsselblumen oder auch Himmelsschlüssel gelten als Symbol für Hoffnung, Jugend, Erneuerung, Tod und Wiedergeburt – als Schlüssel zum Himmel. Aurikeln können einzeln oder in Gruppen gepflanzt werden. Auf einem Grab habe ich sogar einmal eine Einfassung aus dieser Staude mit den wunderhübschen, etwas bemehlten Blüten gesehen.

Und das bescheidene **Duft-Veilchen** (*Viola odorata*)? Seine Botschaft ist die Treue und Liebe. Für viele Menschen ist es die Lieblingsblume, der Lieblingsduft. Eine empfehlenswerte Sorte für das Grab ist 'Königin Charlotte' mit Blüten in einem intensiven Blauton. Nach dem Hauptflor im Frühling blüht das Pflänzchen im Herbst noch einmal. Dieses Veilchen gedeiht gut auf schattigen Gräbern.

Der **Eisenhut** (*Aconitum napellus*) ist eine unserer giftigsten einheimischen Stauden überhaupt, deshalb ranken sich allerhand Legenden um ihn. In starker Verdünnung dient er jedoch als Heilmittel, äußerlich angewandt bei Nervenschmerzen. Ganz selten einmal verirrt sich der Eisenhut auf ein Grab, vielleicht ein tiefblau blühendes, Schatten liebendes Mitbringsel aus dem Garten.

Die beiden Alpenpflanzen **Edelweiß** (*Leontopodium alpinum*) und **Enzian** (*Gentiana* spec.) schmücken ebenfalls manches Grab, vielleicht als Erinnerung an gemeinsame Wanderungen im Gebirge gepflanzt. Beide Pflanzen stehen unter Naturschutz, deswegen dürfen Sie sie keinesfalls am Naturstandort ausgraben. Es gibt sie jedoch in der Gärtnerei zu kaufen.

Anrührendes verbindet sich mit dem **Tränenden Herz** (*Dicentra spectabilis*). Es drückt mit seiner Blütenform den Schmerz um den Verlust eines geliebten Menschen aus. Dass das Tränende Herz so selten auf Gräbern zu sehen ist, liegt an seiner Empfindlichkeit. Die Staude reagiert sehr empfindlich auf Spätfröste und erfriert im Austrieb leicht. Ähnliche Symbolik über den Pflanzennamen verbirgt sich beim **Kaukasus-Vergissmeinnicht** (*Brunnera macrophylla*): Die kräftig blauen kleinen Blüten erinnern wirklich an die des Vergissmeinnichts (*Myosotis sylvestris*), wobei diese Staude zu einem stattlichen Horst mit kräftigen, herzförmigen Blättern heranwächst.

Die **Christrose** (*Helleborus niger*) ist selten auf dem Friedhof zu finden, dabei würde die Staude von ihren Pflegeansprüchen und ihrer Größe her gut hierher passen. Sie öffnet ihre schalenförmigen weißen Blüten mitten im Winter oder spätestens im März – zu einer Zeit, in der sich in der Natur sonst nichts regt. Die Christrose oder Schwarze Nieswurz hat eine Verwandte, die deutlich größer wird, die **Orientalische Nieswurz** (*Helleborus orientalis*). Im Laufe der Jahre bildet diese Staude große Horste. Mit ihren Blütenglöckchen in verwaschenen Schattierungen von weiß und rosa bis grünlich und den palmwedelartigen Blättern ist sie ein außergewöhnlicher Schmuck fürs Grab. Diese Nieswurz-Art blüht lange von Februar bis Mai oder sogar bis in den Juni hinein.

Sehr empfehlenswerte Stauden fürs Grab sind die **Bergenien** (*Bergenia cordifolia*). Sie gedeihen in der Sonne und im Schatten und sogar noch auf recht trockenen Böden unter Sträuchern und Bäumen. Mit ihren großen, ledrigen Blättern schmücken sie das Grab auch im Winter. Von der Bergenie gibt es unüberschaubar viele Hybridsorten mit kleinen und großen Blättern und mit Blüten in allen Schattierungen von Weiß über Rosa bis Purpurrot. Im Laufe der Jahre scheinen die Bergenien aus dem Boden herauszuwachsen. Dann sollte man sie aufnehmen und neu pflanzen oder die langen Hälse mit humoser Erde abdecken.

Wie die Bergenien gehören die **Funkien** (*Hosta* spec.) zu den Blattschmuckstauden. Sie mögen halbschattige und schattige Standorte. Auch bei ihnen gibt es eine Vielzahl von Sorten, die sich in der Blattform und -färbung unterscheiden. Die Funkien blühen eher unscheinbar in blassen Violett-Tönen. Die Staude zieht im Herbst ihre Blätter ein. Von ihrer Wuchsform und ihrer interessanten Blatttextur her ist die Funkie sehr zu empfehlen, allerdings hat sie den großen Nachteil, dass die Schnecken über ihr zartes Blattwerk herfallen. In schneckenreichen Jahren hat sie kaum eine Überlebenschance. Man sollte daher die Funkien, so dekorativ sie sind, nur dort pflanzen, wo es mit

Bei diesem ländlich-bunt gestalteten Grab bildet die Herbst-Fetthenne den Mittelpunkt. Im Winter zieht die Staude ein und lässt den Blick aufs Grabmal wieder frei. Hier wird durch die Platzierung des Grabsteins eine besondere Spannung erzeugt.

Schnecken keine Probleme gibt. Im Hausgarten ziehe ich die Blattschmuckstaude aus diesem Grund nur noch im Topf.

Zu den Blattschmuckstauden kann man auch das **Purpurglöckchen** (*Heuchera micrantha*) der Sorte 'Palace Purple' zählen. Mit seinen bronzebraunroten Blättern ist es nicht zu übersehen. Die Blütenrispen an langen, straffen Stielen heben sich von dem Blattwerk ab. Die Staude hat so viel Charakter, dass sie am besten einzeln für sich steht, eingebettet zwischen Boden deckenden Stauden und Gehölzen.

Für sonnig gelegene Gräber, die selten gegossen werden, eignet sich die hohe **Herbst-Fetthenne** (*Sedum spectabile, S. telephium*) sehr gut.

Staudenpersönlichkeiten fürs Grab

Pflanzenart	Botanischer Name	Standort	Wuchshöhe in cm
Aurikel	*Primula × pubescens*	○ bis ◐	20
Bergenie	*Bergenia cordifolia*	○ bis ●	20 bis 50
Christrose, Schwarze Nieswurz	*Helleborus niger*	○ bis ◐	30
Duft-Veilchen	*Viola odorata* 'Königin Charlotte'	◐	15
Edelweiß	*Leontopodium alpinum*	○	20
Enzian	*Gentiana*-Arten und -Sorten	○	20 bis 30
Funkie, Hosta	*Hosta*-Arten und -Sorten	◐ bis ●	30 bis 60
Herbst-Fetthenne	*Sedum spectabile, S. telephium*	○	30 bis 50
Kaukasus-Vergissmeinnicht	*Brunnera macrophylla*	◐	50
Maiglöckchen	*Convallaria majalis*	◐ bis ●	20
Orientalische Nieswurz	*Helleborus orientalis*	◐	50
Purpurglöckchen 'Palace Purple'	*Heuchera micrantha*	○ bis ◐	80
Sterndolde	*Astrantia major*	○ bis ◐	60
Tränendes Herz	*Dicentra spectabilis*	◐	60 bis 80

Die Staudengärtner bieten hohe und niedrige Sorten mit Blüten in verschiedenen Weiß- und Rosa-Tönen an. Die Staude sieht mit den fleischigen grünen, grün-blauen oder purpurroten Blatttrieben das ganze Jahr über aufgeräumt aus. Ihren Höhepunkt hat sie im Herbst zur Blütezeit. Bienen, Schwebfliegen und Schmetterlinge umschwirren an sonnigen Tagen die schirmartigen Blütendolden auf der Suche nach Nektar. Und sogar noch im Winter können die vertrockneten Blütentriebe das Grab schmücken.

Die größte Fläche nehmen auf diesem Grab die Gehölze ein. Kriech-Wacholder im Vordergrund, dahinter eine Kiefer und rechts vom Grabmal eine Eibe.

Gehölze für die Ewigkeit

In der Praxis sind die Gehölze für die Grabgestaltung fast noch wichtiger als die Stauden und die Sommerblumen. Sie werden meistens für die gesamte Laufzeit des Grabes gepflanzt. Über die Jahre gesehen sind die niedrigen Gehölze pflegeleichter als ein- und zweijährig kultivierte Pflanzen. Man muss sie lediglich von Zeit zu Zeit zurechtstutzen. Für sich allein wirken sie jedoch langweilig und manchmal etwas düster. Sommerblumen auf Pflanzflächen und in Schalen steuern bunte Farbtupfer bei. Sie machen die Atmosphäre auf dem Friedhof freundlich und geradezu einladend.

Wählen Sie von vornherein fürs Grab niedrig wachsende Gehölzarten und -sorten aus, die nicht allzu sehr über die Abmessungen des Grabes hinauswachsen. Im Laufe der Jahre werden die Lebensbäume (*Thuja*) und die Eiben (*Taxus*) jedoch größer und nehmen immer mehr Raum auf dem Grab ein, sodass Sie eventuell neu pflanzen müssen. In gut sortierten Baumschulen gibt es eine reiche Auswahl an Zwerggehölzen, an säulenförmig wachsenden und Boden deckenden Gehölzen.

Es kommt jedoch nicht nur auf die Wuchshöhe und Wuchsbreite des Gehölzes an. Der Strauch soll von seinem Charakter her zum jeweiligen Friedhof passen. Auf einem traditionellen Kirchhof mit Holzkreuzen, mit klassischen Buchsbaumhecken und Sommerblumen wäre ein Rhododendron, ein Fächer-Ahorn oder ein Kriech-Wacholder völlig fehl am Platz. In solchen denkmalgeschützten Anlagen gelten auch für die Bepflanzung bestimmte Vorschriften. Dagegen sind Rhododendren auf schattigen Waldfriedhöfen mit weiten Abständen zwischen den Gräbern stimmig.

Gehölze als Flächendecker

Viele Gräber haben Umrandungen aus Efeu (*Hedera*), Zwergmispel (*Cotoneaster*), Immergrün (*Vinca*) oder anderen ausdauernden Gewächsen. Die Bepflanzung des Grabrandes ist besonders wichtig auf Reihengräbern ohne Stein-Einfassung, die nur durch Platten voneinander abgegrenzt sind. Hier macht oft erst die Randbepflanzung aus Boden deckenden Gehölzen und Polsterstauden Grabfläche und Grabmal zu einer Einheit. Friedhofsgärtner verwenden die Bodendeckerpflanzen für die Grundbepflanzung auf dem größten Teil der Fläche und sparen kleinere Flächen für den Wechselflor aus.

Mit Bodendeckern lässt sich auch die ganze Grabfläche begrünen. Es sollten immer mehrere Pflanzen der gleichen Art und Sorte möglichst dicht nebeneinander gesetzt werden, um eine gute Flächenwirkung zu erzielen. Unter dem dichten Blätterdach hat das Unkraut zudem kaum eine Chance, lediglich Sämlinge von Bäumen, von Eschen, Ahorn und Eichen kämpfen sich durch das dichte Blattwerk. Eine solche einheitliche Bepflanzung ist relativ pflegeleicht und kann in Verbindung mit einem schönen Grabmal sehr reizvoll sein – genügend Beispiele gibt es auf städtischen Friedhöfen (siehe Seite 97).

Efeu (*Hedera helix*) siedelt sich auf Friedhöfen oft von alleine an, verbreitet sich über kleine Triebstücke oder über die Samen, die die Vögel verschleppen. Manchmal überzieht wild wachsender Efeu die Fläche älterer Gräber, die nicht mehr so häufig besucht werden. Ein solches von Efeu überwuchertes Grab sieht immer noch schön und würdig aus. Es genügt, wenn man die langen Triebe ein- oder zweimal im Jahr zurückschneidet. Für halbschattige und schattige Plätze auf dem Friedhof gibt es keine geeignetere Pflanze. Efeu wächst aber genauso gut in der Sonne, dann bleiben die Blätter lediglich etwas kleiner. Probleme gibt es mit dem Efeu eigentlich nur, wenn man zu viel gießt und düngt. Auch starker Tropfenfall schadet ihm. Dann siedeln sich Pilze auf ihm an, die Blattfleckenkrankheit breitet sich aus. Schneidet man die befallenen Blätter weg, wächst sich der Schaden aus.

Außer der Wildform gibt es für die Grabgestaltung zahlreiche Sorten mit ausdrucksstarken Formen und Färbungen. Bei der Auswahl sollte man sich

Immergrüne Gehölze wie Immergrün oder Zwergmispel eignen sich hervorragend für die Einfassung von Grabstellen, besonders wenn wie hier hohe Kanten zu überspielen sind.

Efeu – Einige empfehlenswerte Sorten und Varietäten

a) von *Hedera helix:*

- 'Arborescens': Vegetativ vermehrte Altersform, wächst strauchförmig, nach einigen Standjahren auch kletternd, Blätter ungelappt
- 'Conglomerata': schwach wachsend, kriechend, richtet sich an den Spitzen auf, Laub dunkelgrün, ungelappt bis dreilappig, am Rand gewellt, gute bis sehr gute Winterhärte
- 'Glacier': stark wachsend, Laub graugrün mit schmalem weißem Rand, Blätter dreilappig, gute Winterhärte
- 'Pedata': mittelstarker Wuchs, Laub dunkelgrün mit heller Nervatur, ausgeprägt fünflappig durch verlängerten Mittellappen („Vogelfußefeu")
- 'Sylvatica': mittelstark, Laub sattgrün, glänzend, dreilappig, Mittellappen pfeilförmig verlängert, sehr gute Winterhärte
- 'Woerner': sehr stark wachsend, Laub dunkelgrün mit helleren Blattadern, Laub färbt sich im Winter rotbraun, sehr gute Winterhärte

Vom Efeu gibt es zahlreiche Züchtungen mit unterschiedlichen Blattformen und -färbungen. Bei der Auswahl empfiehlt es sich, auf die Winterhärte der Sorte zu achten.

b) von *Hedera hibernica:*

- var. *hibernica* (= *H. hibernica*): sehr stark wachsend (nur für große Grabflächen!), frisch grünes Laub mit heller Aderung, verfärbt sich im Winter kaum, frostempfindlich
- 'Deltoidea': langsam wachsend, Laub matt-dunkelgrün, Nervatur grau-grün, oval-herzförmige Blätter, sehr gute Winterhärte
- 'Digitata Hesse': mittelstark wachsend, Laub dunkelgrün, färbt sich im Winter rotbraun, große, anfangs drei-, später fünflappige Blätter, mäßig winterhart

Für ein Familiengrab dieser Größe bietet sich normalerweise die Bepflanzung mit Bodendeckern an. Hier übernehmen in Form geschnittene Buchshecken die Funktion des Bodendeckers.

unbedingt nach der Winterhärte erkundigen. Die Wildform übersteht Temperaturen von unter –20 °C problemlos. Andere Arten und Züchtungen vom Efeu vertragen dagegen keinen tiefen Frost. Die Friedhofsgärtner bieten manchmal Sorten mit panaschierten oder am Rand gewellten Blättern an, etwa 'Caecilia' oder 'Ingobert'. In Gegenden mit milden Wintern können diese frostempfindlichen Sorten eine Weile durchhalten, für die Grundbepflanzung sind sie jedoch nicht geeignet.

Normalerweise bildet Efeu oberirdische Ausläufer, die sich direkt am Stängel bewurzeln. Beim Klettern hält er sich mit Haftwurzeln fest, die nicht in den Untergrund eindringen. Efeu lässt sich problemlos selbst aus Stecklingen vermehren. Das können entweder Stecklinge von der Triebspitze sein, Teilstücke des Triebes oder auch Stecklinge der Altersform mit rhombenförmigen Blättern und mit Früchten. In Töpfchen mit Erde bilden sie nach kurzer Zeit Wurzeln. Sobald der Erdballen durchwurzelt ist, kann man sie auspflanzen. Friedhofsgärtner pflanzen den Efeu mit 12 bis 15 Pflanzen/m^2 sehr dicht.

Das **Kleine Immergrün** (*Vinca minor*) ist ebenfalls ein einheimisches Gewächs. Es bedeckt in den Laubwäldern größere Flächen, aber nur dort, wo es Kalk im Boden vorfindet. Sauren Boden mag das Immergrün nicht. Der Zwergstrauch bildet lange, dünne

Allroundtalent Buchsbaum

- *Buxus sempervirens*: Ist am schönsten für frei wachsende, lockere Büsche. Der Strauch wird ungeschnitten 4 bis 6 m hoch. Für ein normales Grab ist das natürlich viel zu hoch, doch dieser Buchsbaum lässt sich gut in Form schneiden.
- *Buxus sempervirens* 'Suffruticosa': Ideal für Einfassungen. Ungeschnitten wird er ungefähr 1 m hoch, lässt sich aber niedrig zurechtstutzen. Diese Buchsbaumsorte hat kleinere, rundlichere Blätter als die eigentliche Art *Buxus sempervirens*. Der Unterschied bei den Blattformen wird besonders deutlich, wenn eine andere Buchsbaumsorte nachgepflanzt wird.
- 'Rotundifolia': Großblättrige Sorte, sollte möglichst für sich allein stehen.
- 'Aureo-Variegata': Panaschierte Form, die im Alter vergrünt, ebenfalls mit großen rundlichen Blättern.
- 'Elegantissima': Sehr langsam wachsende Art mit kleinen, weiß gerandeten Blättchen, recht anspruchsvoll und etwas frostempfindlich.
- *Buxus sempervirens* 'Herrenhausen': Eignet sich als Bodendecker. Wächst flach und kann ausgewachsen 0,5 m^2 bedecken. Kleine, weiche hellgrüne Blättchen.

Sprosse, die bei Bodenkontakt bewurzeln. Auf Friedhöfen wie auch im Garten wird das Immergrün oft als Randbepflanzung eingesetzt. Es überspielt mit seinen langen Trieben die Stein-Einfassungen und hängt etwas über. Besonders hübsch ist das Immergrün, wenn die intensiv blau gefärbten Blüten erscheinen. Es gibt auch weiß ('Alba') und violett ('Atropurpurea') blühende Sorten. Zum Abdecken der ganzen Fläche wird es mit 25 bis 30 Exemplaren/m^2 gepflanzt. Es gibt auch eine Art mit größeren Blättern – das **Große Immergrün** (*Vinca major*), entweder einfarbig grün oder grünweiß. Die Sorte 'Variegata' steht häufig als sehr robuster, pflegeleichter Bodendecker in den Gärten oder auf Randstreifen entlang der Straße. Im Winter leidet die Sorte etwas unter Frost. Nach dem Rückschnitt im Frühjahr treibt sie jedoch neu aus. Zum Bedecken der ganzen Grabfläche eignet sich das Große Immergrün nicht so sehr, weil die Triebe zu sparrig wachsen.

Kaum ein anderes Gehölz lässt sich so universell einsetzen wie **Buchsbaum** (*Buxus sempervirens*). Frei wachsend oder in Form geschnitten macht er immer eine gute Figur. Einige Zeitlang war der Buchsbaum in Vergessenheit geraten, jetzt lebt an vielen Orten der alte Brauch wieder auf, die Grabstellen mit niedrigen Buchsbaumhecken zu umrahmen. Auf anderen Friedhöfen sind diese niedrigen Hecken seit Menschengedenken Tradition.

Außer für Einfassungen wird er auch für höher wachsende Büsche oder Hochstämmchen verwendet. Der niedrige Einfassungsbuchsbaum *Buxus sempervirens* 'Suffruticosa' lässt sich auch als Bodendecker zurechtstutzen. Es gibt jedoch auch einige Sorten, die von sich aus flächendeckend wachsen. Am bekanntesten ist die Sorte 'Her-

Die kleine Grabfläche lässt sich mit niedrigen Gehölzen wie eine Miniatur-Landschaft gestalten. Bei diesem Beispiel erhebt sich aus dem Bett von Kriechspindel (Euonymus) in Form geschnittener Buchs.

renhausen' mit hellgrünen, relativ kleinen und weichen Blättchen. Eine Pflanze kann bei einer Wuchshöhe von 20 bis 25 cm im Laufe der Jahre einen halben Quadratmeter bedecken. Für diesen Zweck eignet sich ebenso die Sorte 'Faulkner'. Eine Pflanzung in Kombination mit anderen Buchsbaum-Sorten wie dem 'Blauen Heinz' am Rand sieht sehr ansprechend aus.

Buchsbaum lässt sich problemlos aus Stecklingen vermehren. Man braucht abgeschnittene Triebe nur in feuchte Erde stecken, damit sich nach einiger Zeit Wurzeln bilden. Zweijährige Pflanzen sind so gut entwickelt, dass man mit ihnen niedrige Hecken anlegen kann. Gepflanzt wird im Abstand von etwa 20 cm. Damit die Buchsbaumhecke schön dicht wird, braucht sie am Anfang zweimal im Jahr einen Schnitt – vor dem Austrieb im Frühjahr und im Sommer spätestens im August. Später genügt es, wenn man die Hecke einmal im Jahr mit der Heckenschere von Hand einkürzt.

Sehr verbreitet als Bodendecker ist die **Zwergmispel** (*Cotoneaster dammeri*). Früher waren die Baumschulen voll von diesem immergrünen Bodendecker. Die Landschaftsgärtner haben dieses Gehölz viele Jahre lang überall hin gesetzt, wo es dicht sein sollte, an Böschungen oder auf Verkehrsinseln. Diese gehäufte Verwendung hat den *Cotoneaster* etwas in Misskredit gebracht. Heute hat sich das Sortiment reduziert. An manchen Stellen zeigt die Zwergmispel jedoch ihre Vorzüge, zum Beispiel auf den Gräbern. Kleinblättrige Sorten wie 'Streibs Findling', 'Jürgl' oder 'Frieders Evergreen' wachsen sehr langsam und brauchen wenig Pflege. Und, genau betrachtet, sieht die Zwergmispel eigentlich recht hübsch aus: Im Frühsommer schmückt sie sich mit kleinen weißen Blüten, aus denen sich im Herbst rote Beeren bilden. Damit die Fläche sich schnell schließt, pflanzen die Friedhofsgärtner sehr eng mit 15 bis 20 Pflanzen/m^2. Im Laufe der Jahre bildet sich ein dichtes Gewirr von Ästen, die dem Boden ziemlich flach anliegen. *Cotoneaster* ist sehr schnittverträglich.

Zum Standardsortiment der Bodendeckergehölze gehört die **Kriechspindel** (*Euonymus*). Da gibt es die *Euony-*

Immergrüne Gehölze als Flächendecker

Pflanzenart	**Botanischer Name**	**Pflanzdichte (Pflanzen pro m²) ***	**Besonderheiten**
Buchsbaum	*Buxus sempervirens* 'Herrenhausen'	9 bis 12	hellgrünes, kleines Laub
Efeu	*Hedera helix*	12 bis 15	große Sortenvielfalt mit spitzen, gelappten oder rundlichen Blättern, buntlaubige Sorten
Kleines Immergrün	*Vinca minor*	25 bis 30	bildet lange bogige Ausläufer, dunkelgrüne Blätter
Kriechspindel	*Euonymus fortunei* 'Emerald Gaiety', 'Emerald'n Gold'	15 bis 20	buntes Laub, sehr schnittverträglich
Rote Teppichbeere	*Gaultheria procumbens*	25 bis 30	wächst polsterförmig, Fruchtschmuck im Herbst und Winter
Teppich-Hartriegel	*Cornus canadensis*	16 bis 20	horstartig wachsend, braucht sauren Boden
Wacholder-Sorten: Blauer Kriech-Wacholder, Kriech-Wacholder/Teppich-Wacholder, Blauer Zwerg-Wacholder	*Juniperus horizontalis* 'Glauca', *J.communis* 'Repanda', *Juniperus squamata* 'Blue Carpet', 'Blue Star'	10 bis 15/ 9 bis 12	flach wachsend, für volle Sonne
Ysander, Dickanthere, Dickmännchen	*Pachysandra terminalis* 'Green Carpet'	25 bis 30	hellgrüne Blattschöpfe, hübsche weiße Blüten
Zwerg-Hemlocktanne	*Tsuga canadensis* 'Nana'	6 bis 8	wächst breit buschig, flach
Zwergmispel	*Cotoneaster dammeri* 'Streibs Findling', 'Eichholz' u.a.	25 bis 30	teppichartiger, dichter Wuchs, sehr schnittverträglich
Zwerg-Spindelstrauch	*Euonymus nanus*	25 bis 30	kleinblättrig, ganz dicht dem Boden anliegend

* Anmerkung: Bei den Angaben zur Pflanzenzahl pro m² handelt es sich um die bei Friedhofsgärtnern übliche Pflanzdichte für einen schnellen Flächenschluss.

mus-fortunei-Sorten mit weiß-buntem oder gelb-buntem Laub namens 'Emerald Gaiety' oder 'Emerald'n Gold'. Die Blätter sind weiß beziehungsweise hellgelb gerandet. Beide panaschierten Sorten wachsen ungeschnitten zunächst aufrecht, später legen sich die Triebe nieder. Wenn sie sich an einen Stamm oder an einen festen Gegenstand anlehnen können, klettern sie in die Höhe. Wird die Kriechspindel ungeschnitten verwendet, braucht man nur wenige Pflanzen. Geschnitten lässt sie sich auch als Flächendecker fürs Grab einsetzen; man pflanzt dann wie bei den anderen Bodendeckern 15 bis 20 Pflanzen/m^2. Wie eine Decke legt sich der kleinblättrige, ganz niedrig wachsende **Zwerg-Spindelstrauch** *Euonymus nanus* über die Fläche. Er ist nicht so wüchsig wie die anderen Kriechspindel-Arten, deshalb sollte er von vorneherein recht dicht mit 30 Pflanzen/m^2 gepflanzt werden.

Gelegentlich pflanzen die Gärtner Wacholder als Bodendecker aufs Grab. Dafür eignet sich zum Beispiel der **Blaue Kriech-Wacholder** (*Juniperus horizontalis* 'Glauca') mit stahlblauen Nadeln. Auf manchen Gräbern wächst diese Sorte flächendeckend – ein interessanter Effekt! Ebenfalls flächendeckend lässt sich der **Teppich-Wacholder** (*Juniperus squamata* 'Blue Carpet') verwenden. Diese Sorte mit blauen Nadeln wird nur 30 cm hoch und wächst bis 1,5 m breit. Die Sorte 'Blue Star' hat dagegen einen halbkugeligen Wuchs und wird bis zu 1 m hoch. *Juniperus communis* 'Repanda' bildet mit weichen, grünen Nadeln schöne Polster aus.

Für flächige Pflanzungen im Schatten eignet sich der **Ysander** (*Pachysandra terminalis*), auch Dickanthere oder Dickmännchen genannt. In seiner japanischen Heimat wächst dieses Buchsbaumgewächs in Laubwäldern. Wie ein Teppich überzieht er mit seinen dichten, gleichmäßig, etwa 25 cm hoch wachsenden Blattschöpfen den Boden. Die am stärksten verbreitete Sorte im Handel heißt denn auch 'Green Carpet' und dieser Name charakterisiert das Gewächs sehr gut. Für mich ist es eine der wenigen Pflanzen, die genügend Charakter haben, allein die Fläche abzudecken. Zusammen mit einem schön gestalteten Grabstein eine würdige Komposition. Der immergrüne Ysander sieht ganzjährig attraktiv aus. Im Frühjahr schmückt er sich mit weißen Blüten, den Rest des Jahres wirkt dieses immergrüne Gewächs durch sein frisch grünes Blattwerk. Es ist eigentlich ein Gehölz, sieht aber eher wie eine Staude aus. Im Laufe der Zeit breitet sich das Gehölz durch unterirdische Rhizome aus, es wuchert aber nicht und stört nie. Damit die Grabfläche schnell von Blattwerk bedeckt wird, pflanzen die Friedhofsgärtner sehr dicht mit 20 bis 25 Pflanzen/m^2. Wer das Grab selbst einpflanzt, nimmt eher weniger Pflanzen. Schon nach kurzer Zeit erobert das Gewächs mit seinen flach streichenden Rhizomausläufern die Fläche. An manchen Orten will der Ysander jedoch nicht so recht wachsen: Statt in die Breite wächst er nur in die Höhe. Das liegt dann am Boden, dieser muss locker und humos sein, Bodenverdichtungen verträgt er nicht. Man kann die hoch gewachsenen Bestände zurückschneiden, sollte langfristig aber den Boden lockern und verbessern.

Sehr edel wirkt die **Rote Teppichbeere** (*Gaultheria procumbens*). Das Heidekrautgewächs aus Nordamerika überzieht den Boden bald mit seinem dunkelgrünen Blätterwerk. Besonders attraktiv sieht das niedrige Gehölze im Schmuck der roten Beeren aus. Die Beeren bleiben bis zum Frühjahr am Gesträuch haften. Auch die rosaweißen Blüten, die von Juni bis August erscheinen, sehen hübsch aus.

Bei der Entscheidung für einen bestimmten Bodendecker sollten seine Ansprüche an den Standort ein wichtiges Kriterium sein. Schließlich bleiben die teuren Gehölze jahre- oder jahrzehntelang stehen. Kriech-Wacholder und Zwergmispel bevorzugen Sonne, einige Arten gedeihen in der Sonne und im Halbschatten. Tiefen Schatten vertragen nur Efeu, Immergrün, der Ysander und der Zwerg-Spindelstrauch. Empfindlich reagieren die Bodendeckergehölze auf zu viel Feuchtigkeit und auf staunassen Boden. Efeu bekommt dann leicht Blattflecken. Die Rote Teppichbeere (*Gaultheria procumbens*) und der **Teppich-Hartriegel** (*Cornus canadensis*) brauchen sauren Boden. Von den Standortansprüchen her passen diese beiden deshalb gut zu Azaleen und Rhododendren.

Höhere Gehölze

Als verbindendes Element zum Grabmal sind unter gestalterischen Gesichtspunkten höher wachsende Gehölze oder solche mit Säulen- oder Hängeform wichtig. Oft sind es Eiben, Wacholder, Lebensbäume oder

Gekonnte Grabgestaltung mit Gehölzen, die abgestuft und in Form geschnitten neben- und hintereinander stehen. Lediglich eine kleine bepflanzte Schale und ein aufwändig floristisch gearbeitetes Gesteck mit Nelken sorgen für Farbe.

Scheinzypressen. Friedhofsgärtner nehmen diese Gehölze für die so genannte Rahmenpflanzung und ordnen sie so an, dass eine spannungsvolle Beziehung zum Grabmal entsteht. Ein sehr dekoratives Element sind Hochstämmchen oder Formschnittgehölze: Kugeln, Kegel und Pyramiden vom **Buchsbaum** (*Buxus sempervirens*) oder von der **Stechpalme** (*Ilex aquifolium*). Auf großen Gräbern hat ein Hochstämmchen meistens eine Kugel als Pendant.

Auf ländlichen Friedhöfen sind die Gehölze als Gestaltungselemente oft nicht so wichtig, hier dominieren die Sommerblumen. Die Baumschulen sind in ländlichen Regionen oft weit weg, gepflanzt wird deshalb nur das, was die Gärtnereien in der Nähe anzubieten haben. Häufig verwenden die Angehörigen auch die Gehölze, die in Schalen zur Beerdigung mitgebracht wurden, zur Grabbepflanzung. Auf städtischen Friedhöfen findet man dagegen alles, was das Baumschulsortiment zu bieten hat. Das kann sehr reizvoll sein, wenn die Proportionen stimmen. Es lassen sich sogar überzeugende Miniatur-Landschaften gestalten.

Natürlich dürfen diese höheren Gehölze die Dimensionen des Grabs nicht sprengen. Manchmal sieht man Grabstellen, auf denen riesige Lebensbäume oder voll ausgewachsene Eiben das Grabmal völlig verdecken. Zuweilen erobern Sämlinge von Bäumen in der Umgebung das Terrain und wachsen hoch hinauf.

Säulen- und Hängeformen

Angehörige, die Gräber selbst gestalten, pflanzen Gehölze mit säulenförmigem Wuchs oft paarweise rechts und links vom Grabstein. Für ein Einzelgrab reicht ein höheres Gehölz. Das kann ein **Säulen-Wacholder** (*Juniperus communis* 'Hibernica') oder eine **Säulen-Eibe** (*Taxus baccata* 'Fastigiata', *T. b.* 'Fastigiata Robusta') sein. Im Laufe der Jahre werden auch diese Säulenformen höher und breiter. Wenn sie schließlich den Grabstein zu überwachsen drohen, sollte man neu pflanzen.

Sehr reizvoll können auch Gehölze mit herabhängenden Trieben sein. Es sind oft recht bizarre Gestalten. Sie werden immer einzeln und in weitem Abstand zu anderen Hängeformen gepflanzt, sonst verlieren sie ihre Wirkung. Da gibt es zum Beispiel die **Schleppen-Fichte** (*Picea abies* 'Inversa'). Sie wird bis etwa 1 m hoch, ihre Äste hängen bogig herab. Von der **Blau-Zeder** gibt es ebenfalls eine Hängeform (*Cedrus atlanticus* 'Glauca Pendula'). Auf den Friedhof passt auch die Hängeform der **Kätzchen-Weide** (*Salix caprea* 'Weeping Sally', *S. c.* 'Kilmarnock'). Sie harmoniert am ehesten mit den bunten Sommerbepflanzungen, wie sie auf ländlichen Friedhöfen üblich sind. Viel zu groß für Gräber werden jedoch Hängeformen wie die **Hänge-Birke** (*Betula pendula*) oder die **Trauer-Weide** (*Salix alba* 'Tristis', *S.* × *sepulcralis* 'Erythroflexuosa').

Relativ neu im Sortiment der Baumschulen ist die Hängeform des urzeitlichen **Ginkgo** (*Ginkgo biloba* 'Pendula', *G. b.* 'Marieken'), der mit seinen einzigartig geformten, im Herbst goldgelben Blättern für sich wirkt.

Nadelgehölze

Ein weit verbreitetes Friedhofsgehölz ist die **Muschel-Scheinzypresse** (*Chamaecyparis lawsoniana obtusa* 'Nana Gracilis'). Ich weiß von einem Exemplar, das schon seit fast 60 Jahren auf dem Grab steht, vermutlich nie geschnitten wurde und trotzdem erst etwa 1,5 m hoch gewachsen ist – ein echter „Zwerg"! Für den Friedhof gibt es eine Vielzahl niedrig wachsender Scheinzypressen. Besonders auffällig sind die Sorten mit gelben Nadeln.

Niedrige Gehölze wie Muschel-Scheinzypresse und der Japanische Ahorn umspielen das künstlerisch gestaltete Grabmal aus Metall und einem Glasobjekt.

Nadelgehölze fürs Grab

Pflanzenart	Botanischer Name	Wuchs-höhe in m	Wuchsform
Becher-Eibe	*Taxus × media* 'Hicksii'	bis 4	säulenförmig, ohne Mitteltrieb
Gelber Lebensbaum	*Thuja occidentalis* 'Rheingold'	bis 1,5	breit kegelig
Hänge-Hemlocktanne	*Tsuga canadensis* 'Pendula'	1,5 bis 2	Zweige bogig überhängend
Igel-Fichte, Nest-Fichte, Gnom-Fichte	*Picea glauca* 'Echiniformis', 'Nidiformis', P. *abies* 'Pygmaea'	bis 0,8	breit, nestartig
Japanische Zwerg-Eibe	*Taxus cuspidata* 'Nana'	bis 2	breit buschig
Muschel-Scheinzypresse	*Chamaecyparis obtusa* 'Nana Gracilis'	bis 2	breit kegelig
Säulen-Eibe	*Taxus baccata* 'Fastigiata', 'Fastigiata Robusta'	bis 3	dichte Säule
Säulen-Wacholder	*Juniperus communis* 'Hibernica', 'Meyer'	bis 4	straff aufrecht
Zwerg-Balsamtanne	*Abies balsamea* 'Nana'	bis 1	breit, nestartig
Zwerg-Bergkiefer	*Pinus mugo* 'Gnom'	bis 1,5	dicht kugelig
Zwerg-Fadenzypresse	*Chamaecyparis pisifera* 'Filifera Nana'	bis 2	breit kugelig
Zwerg-Fadenzypresse	*Chamaecyparis pisifera* 'Filifera Nana Sungold'	bis 1	flach wachsend, gelb benadelt
Zwerg-Fichte	*Picea abies* 'Pumila Glauca'	bis 1	flach kugelig
Zwerg-Scheinzypresse	*Chamaecyparis lawsoniana* 'Minima Glauca'	bis 1	dicht kugelig

Man sollte sie nie wahllos pflanzen, sondern in Form und Farbe auf die übrige Bepflanzung und vor allem auf den Grabstein abstimmen, in dessen Nähe die höheren Gehölze meist stehen.

Bei den **Fichten** (*Picea abies, P. glauca*) gibt es eine große Auswahl an nestförmig, kugelig oder in die Breite wachsenden Sorten, die ausgewachsen nicht viel höher als 1 m werden. Diese niedrigen Fichten sind nicht so auffällig wie die Scheinzypressen, sie fügen sich besser in eine Pflanzung ein. Die bekannte Zuckerhut-Fichte (*Picea glauca* 'Conica') sollte man besser nicht aufs Grab pflanzen, sie wird im Laufe der Jahre zu groß für eine kleine Fläche.

Immergrüne Laubgehölze

Häufig gepflanzt werden immergrüne Laubgehölze wie Rhododendron und Azaleen, Kirschlorbeer oder Stechpalme. Sie sehen mit ihren dunkelgrünen, ledrigen Blättern das ganze Jahr über schön aus, zusätzlich warten sie

Immergrüne Laubgehölze

Pflanzenart	Botanischer Name	Wuchshöhe in m	Besonderheiten
Berglorbeer	*Kalmia latifolia*	1,5 bis 2	braucht feuchten Boden, passt zu Heidekraut und Rhododendron
Buchsbaum	*Buxus sempervirens*	bis 3	anspruchslos, verträgt Schatten
Einfassungsbuchsbaum	*Buxus sempervirens* 'Suffruticosa'	bis 1	sehr schnittverträglich
Japan-Stechpalme	*Ilex crenata* 'Stokes'	bis 0,8	gedrungener Wuchs, ähnelt dem Buchsbaum
Kirschlorbeer	*Prunus laurocerasus* 'Otto Luyken' 'Schipkaensis macrophylla', 'Zabeliana'	bis 1 2 bis 3 2 bis 3	breit ausladender Wuchs, ähnliches Laub wie Rhododendron, Rückschnitt mit der Gartenschere möglich
Lavendelheide, Japanische	*Pieris japonica*	bis 3	braucht sauren Boden, für windgeschützte, halbschattige Lagen
Lavendelheide, Vielblütige	*Pieris floribunda*	bis 2,5	braucht sauren Boden, für halbschattige bis schattige Lagen
Stechpalme	*Ilex aquifolium* 'Alaska'	bis 3	dekorative, rote Beeren
Rhododendron	Yakushimanum-Hybriden Williamsianum-Hybriden Repens-Hybriden	 bis 1,5 bis 0,8	brauchen sauren Boden, Boden bedeckt halten für Halbschatten bis Schatten Wurzelbereich wenig hacken
Skimmie	*Skimmia japonica*	bis 1	zweihäusig, für Fruchtschmuck männliche und weibliche Exemplare pflanzen
Strauch-Efeu	*Hedera helix* 'Arborescens'	bis 2	schwarzblaue Beeren, schattenverträglich
Torfmyrte	*Gaultheria mucronata*	bis 0,5	nur für mildes Klima, in rauen Lagen Winterschutz nötig
Weißbunte Kletterspindel	*Euonymus fortunei* 'Gracilis'	bis 0,4	schnittverträglich
Zwergmispel	*Cotoneaster × watereri* 'Pendulus'	bis 3	nicht sehr frosthart
Zwerg-Stechpalme	*Ilex crenata* 'Convexa'	bis 2	unterschiedliche Wuchsformen, wächst sehr langsam

noch mit schönen Blüten und/oder dekorativen Früchten auf. Alle drei gedeihen auch an halbschattigen und schattigen Orten unter Bäumen, wie sie auf städtischen Friedhöfen häufig vorzufinden sind.

Der **Rhododendron** (*Rhododendron*-Yakushimanum-, Williamsianum-, Repens-Hybriden) ist der schönste und der empfindlichste von den Dreien. Er schmückt sich im Frühjahr mit spektakulären Blüten. An die Pflege stellt er jedoch hohe Ansprüche: Er braucht sauren Boden und relativ viel Wasser.

Etwas robuster ist der **Kirschlorbeer** (*Prunus laurocerasus*). Seine glänzenden, ledrigen Blätter ähneln denen des Rhododendron. Der Strauch schmückt sich im Mai und Juni mit weißen Blütenkerzen. Die Sorten dieses immergrünen Laubgehölzes unterscheiden sich in der Wuchsform und Wuchshöhe.

Die **Stechpalme** (*Ilex aquifolium, I. crenata*) erkennt man leicht an ihren bestachelten Blättern. Im Herbst schmückt sie sich mit roten Beeren. Für die Grabbepflanzung eignen sich die klein bleibenden oder langsam wachsenden Arten und Sorten (z. B. *Ilex crenata* 'Convexa', *I. c.* 'Stokes') am besten.

Am vorteilhaftesten entwickeln sich die immergrünen Laubgehölze, wenn sie nicht geschnitten werden. Da sie sehr langsam wachsen, ist das meistens ohnehin nicht nötig, sofern man die richtige Sorte gewählt hat.

Laub abwerfende Gehölze

Bei der Grabbepflanzung fällt die Wahl meistens auf immergrüne Gehölze, weil sie wenig Pflege brauchen. Laubgehölze sieht man nur vereinzelt. Dabei lassen sich mit den **Fächer-Ahornen** und **Schlitz-Ahornen** beeindruckende Wirkungen erzielen, wenn Bepflanzung und Grabstein aufeinander abgestimmt sind. Ein immergrünes

Sommergrüne Laubgehölze

Pflanzenart	Botanischer Name	Wuchshöhe in m	Besonderheiten
Ginkgo	*Ginkgo biloba* 'Pendula', 'Marieken'	langsam wachsend	Hänge- bzw. Zwergform (etwa 0,15 m Jahreszuwachs, goldgelbes Herbstlaub)
Japanischer Ahorn	*Acer japonicum* 'Aconitifolium'	bis 2	leuchtend rote Herbstfärbung, purpurfarbene Blüten
Schlitz-Ahorn, Rotblättriger	Acer palmatum 'Dissectum Atropurpurea'	bis 1,5	schwarzrote Blätter
Schlitz-Ahorn	*Acer palmatum* 'Dissectum Viride'	bis 2	leuchtend grün, orange-goldgelbe Herbstfärbung
Zwergmispel	*Cotoneaster praecox*	0,8 bis 1	Solitärgehölz auf kleinen Grabstellen

Pendant ist ideal; besonders die Sorten mit rotem Laub (*Acer palmatum* 'Dissectum Atropurpurea') oder mit flammend roter Herbstfärbung (*Acer palmatum* 'Aconitifolium') brauchen eine ruhige Unterpflanzung mit Bodendeckern wie Zwergmispel (*Cotoneaster*), Golderdbeere (*Waldsteinia*) oder Ysander (*Pachysandra*). Sogar im Winter entfalten die Ahorne mit ihrem fein gefächerten Astwerk noch ihren Reiz. Sie werden kaum höher als 2 m und entwickeln oft knorrige bis bizarre Wuchsformen.

Wer auf dem Grab auch mit klein bleibenden Blütengehölzen arbeiten möchte, kann sie unter Beachtung der Wuchsgrößen der einzelnen Arten und Sorten akzentuiert einsetzen. Oft lassen sich in Kombination mit einer ruhigen Bodendeckerbepflanzung aus Polsterstauden oder niedrig wachsenden Gehölzen schöne Effekte erzielen. Wichtig ist es, mit diesen auffälligen Blühern sparsam umzugehen und sie gemäß ihrer Wuchsform und -höhe entweder in Nähe des Grabmales oder auch als Hintergrund- oder Rahmenpflanze einzusetzen.

Hortensien fügen sich nicht so leicht in eine Grabbepflanzung ein. Viele Arten dieses prächtigen Blütenstrauches werden fürs Grab zu groß. Einen Versuch ist die Bauernhortensie (*Hydrangea macrophylla*) wert. Sie wächst aufrecht und schmückt sich mit rosafarbenen Blütenbällen. Auf sauren Böden erscheinen blaue Blüten, auf kalkhaltigen Böden muss man mit Alaunlösung nachhelfen. Ohne gärtnerisches Zutun blüht die Hortensie sonst nur rosa. Im Winter sieht der Strauch immer etwas sparrig aus.

Vor einem Hintergrund aus immergrünem Buchsbaum würde sich auch eine **Rose** gut machen. Rosen stehen jedoch relativ selten auf Friedhöfen. Dabei hätte es diese Lieblingsblume fast aller doch verdient, auch auf dem Grab gewürdigt zu werden.

Aus der großen Vielfalt an Rosen kommen für die kleine Grabfläche nur niedrige und robuste Rosen in Frage, zum Beispiel aus der Gruppe der Bodendecker-Rosen und der kleinen Strauchrosen, der Zwergrosen oder Topfrosen. Gelegentlich rankt sich eine Kletterrose ums Grabmal.

Sehr bewährt hat sich die Bodendeckerrose 'The Fairy' mit kleinen, rosafarbenen Blüten. Für kleine Gräber ist sie fast zu wüchsig. Durch jährliches Zurückschneiden lässt sie sich aber im Zaum halten. Wichtig ist, nicht irgendeine Rose zu pflanzen, schon gar keine Edelrose, sondern gezielt robuste Sorten auszuwählen, die möglichst den ganzen Sommer über nicht von Sternrußtau und Mehltau befallen werden. Die Kataloge der Rosenzüchter geben wertvolle Hinweise. Noch wichtiger ist jedoch die gute Beratung bei einer Baumschule, die Erfahrungen mit der Krankheitsresistenz vor Ort hat. Rosen entwickeln sich auf Dauer nur an sonnigen Plätzen gut. Auf Gräbern, die im Schatten von Bäumen oder Sträuchern liegen, sollten Sie auf Rosen verzichten.

Die **Bartblume** (*Caryopteris × clandonensis*) schmückt mit ihren tief blauen Blüten im Spätsommer das Grab, wenn viele der anderen Sommerblüher schon ausgeblüht haben. Wichtig ist nur, dass die Bartblume

Blütengehölze für das Grab

Pflanzenart	Botanischer Name	Wuchshöhe in m	Besonderheiten
Bartblume	*Caryopteris × clandonensis*	bis 1	blau blühend, braucht durchlässige Böden und Sonne
Bodendeckerrose	z.B. 'Heidetraum' (rosarot), 'Apfelblüte' (zartrosa), 'Red Yesterday' (karminrot, weißes Auge)	0,5 bis 1,5; Wuchsformen von aufrecht über bogig überhängend bis flach niederliegend	bei Sortenwahl auf resistente ADR-Rosen zurückgreifen; auf die Wuchsform achten
Heiligenkraut	*Santolina chamaecyparissus*	bis 0,5	gelb blühend, braucht durchlässige Böden und Sonne und Winterschutz; aromatisch duftend
Hortensie	*Hydrangea macrophylla* in Sorten	1 bis 2	Blüten färben sich auf stark saurem Boden blau
Japanische Azalee	*Rhododendron molle* subsp. *japonica*	1 bis 1,5	verschiedene Blütenfarben, wintergrün, teilweise auch immergrün
Japanischer Spierstrauch	*Spiraea japonica* 'Bumalda', 'Nana'	0,5 bis 1	rosa blühend, schnittverträglich
Lavendel	*Lavandula angustifolia*	bis 0,6	violett blühend, graulaubig, duftend, für sonnige Plätze, passt gut zu Rosen
Sonnenröschen	*Helianthemum nummularium*	0,2 bis 0,4	verschiedene Blütenfarben, flach ausgebreitete Wuchsform
Zierquitte	*Chaenomeles japonica* in Sorten	0,5 bis 1,0	Blütenfarben: Weiß, Rosa, Orange, Rot; kleinwüchsige Sorten wählen

Sonne und durchlässigen Boden bekommt, damit sie ihre Blütenpracht entfalten kann.

Die gelben Blüten des **Heiligenkrautes** (*Santolina chamaecyparissus*) stehen in interessantem Kontrast zum silbrig-grauen Laub. Zusätzlich verbreitet es noch einen aromatischen Duft – eine gelungene Variante wäre auch die Kombination mit niedrigen Kräutern wie dem Zitronen-Thymian (*Thymus × citriodorus*)

Mit den kleinwüchsigen **Spiersträuchern** wie *Spiraea japonica* 'Bumalda' oder 'Nana' kann das Grab schöne Rosatöne erhalten – vorteilhaft ist bei den Sträuchern ihre Schnittverträglichkeit, so dass Sie sie auf kleineren Gräbern auch gut im Zaum halten können.

Die Hochstamm-Rose harmoniert gut mit dem Grabmal aus Sandstein.

Die **Zierquitten** (*Chaenomeles japonica*) wachsen etwas sparrig, was bei größeren Doppelgrab- oder Familiengräbern aber auch seinen Reiz haben kann. Die Zierquitten blühen früh im Jahr – oft auch sehr ausdauernd – am mehrjährigen Holz; je nach Sorte in kräftigen Rot- oder Rosa-Tönen, aber auch in Orange oder Weiß. Im Frühherbst entwickeln sie goldgelbe apfelartige, aromatisch duftende Früchtchen, die sich auch gut für Herbstgestecke eignen. Achten Sie wegen der Wuchshöhe auf die richtige Sortenwahl – gute Informationen hierzu bieten die Baumschulkataloge.

Das Grab anlegen und pflegen

In ländlichen Regionen ist es üblich, dass die Angehörigen ihre Gräber selber anlegen und pflegen. Selbst wenn keine Nachkommen da sind, pflegen Nachbarn oder Bekannte aus dem Ort das Grab mit. Sie müssen ohnehin auf den Friedhof, um ihre Gräber zu betreuen und gießen dann die Nachbargräber mit. In der Stadt übernehmen oft die Friedhofsgärtner die Grabpflege. Immer mehr Menschen entscheiden sich für eine anonyme Bestattung, weil sie der Familie die Grabpflege nicht aufbürden wollen oder weil sie gar keine Angehörigen oder Freunde haben.

Das Grab im ersten Jahr

Das frische Grab herrichten

Die Grabpflege beginnt bald nach der Beerdigung. Zunächst gibt es den Grabhügel mit den Kränzen, den Gestecken und den Schalen. Wenn die floralen Gebinde unansehnlich werden, kommen sie in die Sammelbehälter für die organischen Abfälle. Plastikteile gehören in separate Behälter. Leider verwenden manche Floristen immer noch viel unnötigen Zierrat, statt sich zeitgemäß und umweltfreundlich zu verhalten und nur kompostierbare Materialien zu verwenden – zum Beispiel Kranzkörper aus Stroh. Den Friedhofsverwaltungen machen Materialgemische viel Arbeit, sie müssen teuer entsorgt werden. Das schlägt sich dann auf längere Sicht bei den Friedhofsgebühren nieder.

Nach der Beerdigung setzt sich die Erde noch, deshalb sollten Sie wenigstens einen Winter mit der endgültigen Bepflanzung warten. Es ist sinnvoll, die Grabfläche oder den Grabhügel zuerst einmal provisorisch zu bepflanzen oder abzudecken. Manchmal ist der Grabhügel mit einem Holz- oder Metallrahmen eingefasst, sodass die Erde nicht so leicht abgeschwemmt wird. Ein findiger Gärtner hat sogar einen „Fertighügel" entwickelt. Ein in der Gärtnerei aufgeschütteter Erdhügel wird mit Bodendeckern wie Zwergmispel oder Efeu bepflanzt, die die Erde durchwurzeln und festigen. Dieser durchwurzelte Erdhügel wird dann auf das frisch angelegte Grab gesetzt.

Die provisorische Bepflanzung

Für die Bepflanzung im ersten Sommer nach der Beerdigung eignen sich Sommerblumen (siehe Seite 65 ff.), die den Boden gut abdecken, zum Beispiel Tapien-Verbenen oder die Schneeflockenblume (*Bacopa campanulata*), eventuell auch das freundlich gelbe Husarenknöpfchen (*Sanvitalia procumbens*). Im Herbst und Winter besteht die provisorische Abdeckung einfach aus Ästen von Tannen, Blau-Fichten oder Lebensbäumen.

Die dauerhafte Grabbepflanzung

Frühestens nach einem halben Jahr hat sich die Erde so weit gesenkt, dass der Grabstein gesetzt und die Fläche dauerhaft bepflanzt werden kann. Nach dieser Frist bricht die Erde auf vielen Gräbern ein, je nachdem wie schnell das Holz des Sarges verrottet und wie die Hohlräume in der aufgebrachten Erde in sich zusammensacken. Auf manchen älteren Grabfeldern liegt die Grabfläche durch die Senkung des Erdreichs tiefer als die Plattenwege ringsum. Manchmal brechen auch die Einfassungen aus Platten mit ein, weil der Sarg tief unten in der Erde über die eigentliche Abmessung des Reihengrabes hinausragt und sich die Erde unter den Platten senkt.

Die Erde auf dem Grabhügel ist sehr oft klumpig und schwer zu bearbeiten. Manchmal ist sie auch sandig und enthält zu wenig Humus. In beiden Fällen lässt sich mit humoser, lockerer Erde ein Ausgleich schaffen. Diese Erde kann vom Kompost im eigenen Garten kommen, normalerweise kaufen die Angehörigen jedoch Pflanzerde und mischen sie unter das Erdreich vor Ort. Zur Bodenverbesserung muss es nicht die teure dunkle Graberde sein, die eher zum Abdecken der Fläche gedacht ist. Das Einebnen der Fläche geschieht von Hand mit Hilfe eines Rechens oder – wenn es ganz exakt sein soll und die Erde feinkrümelig genug ist – mit einer Holzlatte.

Der frische Grabhügel wurde hier mit Kieselsteinen eingefasst.

Normalerweise stehen auf dem Grab einjährige und ausdauernde Gewächse. Die ausdauernden Sträucher und Stauden in Töpfen und Containern kann man fast ganzjährig pflanzen, nur bei Frost und bei starker Sommerhitze würde man sie überfordern. Im Sommer müssten Sie sonst sehr oft gießen, damit die Wurzelballen nicht austrocknen. Also warten Sie besser ab, bis der Himmel wieder bedeckt ist.

Vor dem Einkaufen der Pflanzen sollten Sie genau überlegen und abzählen, wie viele Pflanzen Sie brauchen. Dazu skizzieren Sie am besten Ideen maßstabsgetreu auf einem Blatt Papier und legen eine genaue Einkaufsliste an. Die Pflanzdichte und damit die Anzahl der Pflanzen ist eine Frage der Zielsetzung und des Geldbeutels: Wollen Sie einen schnellen Flächenschluss erreichen mit möglichst wenig Zwischenräumen, in denen Unkrautsamen auflaufen kann, wählen Sie kleinere Pflanzabstände, dafür aber höhere Stückzahlen wie die Friedhofsgärtner (siehe Tabelle Seite 95). Wollen Sie eher Zeit fürs Jäten als Geld für die Grabbepflanzung investieren, können Sie mit der Stückzahl pro Quadratmeter ruhig etwas nach unten gehen – im Laufe der Zeit wird auch diese Pflanzung ausreichend dicht.

Vor dem Pflanzen werden die Töpfchen erst einmal ausgelegt. Erst dann drücken Sie mit beiden Händen die Wurzelballen der Stauden und Gehölze gut im Erdreich fest, sodass keine Hohlräume entstehen. Achten Sie dabei darauf, dass die Pflanzen nicht tiefer oder höher stehen als vorher im Topf. Gießen Sie sie gleich an, damit ein guter Bodenschluss zustande kommt. Übrigens ist das Angießen auch beim Pflanzen im Herbst noch wichtig. Die Jungpflanzen wurzeln in Torfsubstrat, das auch im Winter leicht austrocknet. Scheint dann die Sonne auf die Blätter, erleidet die Pflanze Verdunstungsverluste, die sie nicht aus dem noch gefrorenen Boden ausgleichen kann. Viele frisch gepflanzte immergrüne Gehölze und Stauden erfrieren nicht, sondern vertrocknen im ersten Winter!

Handgriffe für ein gepflegtes Grab

Richtig düngen

Meistens ist die Erde auf dem Grab gut mit Nährstoffen versorgt, vor allem dann, wenn Pflanzerde oder Blumenerde untergemischt wird, die mit zusätzlichen Nährstoffe angereichert ist. Es besteht eher Gefahr, zu viel des Guten zu tun. Efeu beispielsweise leidet unter zu reichlichem Gießen und Düngen, die Blätter werden schwarz. Boden deckende Stauden und Gehölze braucht man kaum zu düngen. Auch Nadelgehölze wie Tannen und Fichten sind genügsam. Sollten die Pflanzen auf magerem Boden dennoch kümmern und blass-grünes Blattwerk entwickeln, verwenden Sie handelsübliche organische Dünger, zum Beispiel Hornspäne. Man rechnet dabei mit 50 g Düngermenge/m².

Rosen sollten Sie regelmäßig düngen, am besten beim Austrieb im Frühjahr und nach der ersten Blühphase, dann blühen sie üppiger. Stellen Sie aber die Düngergaben zum Spätsommer hin ein, damit die Pflanze mit verholzten Trieben in den Winter gehen kann und keine Frostschäden an frischen Trieben erleidet.

Sommerblumen reagieren mit noch mehr Blütenfülle auf Nährstoffgaben. Sehr gut eignet sich Langzeit- oder Depot-Dünger. Etwa 50g/m² dieser Düngerform arbeitet man mit einem kleinen Grubber unter. Das sollte an einem trüben Tag geschehen, keinesfalls bei prallem Sonnenschein.

Wichtig ist auch das Gießen nach dem Düngen, dadurch werden Düngerpartikel von den Blättern abgespült und die Düngesalze im Boden verteilt. So lassen sich Verbrennungen auf den Blättern und an den Wurzeln vermeiden.

Eine Sonderbehandlung brauchen die so genannten Moorbeetpflanzen. Das sind Rhododendren, Azaleen, Lavendelheide und Lorbeerrose. Sie brauchen unbedingt einen chloridfreien Dünger. Auf Böden, die zu kalkhaltig sind, vergilben die Blätter sonst nach und nach, sie werden in der Fachsprache der Gärtner „chlorotisch". Einen sauren Boden brauchen auch die blau blühenden Hortensien.

Die Erde lockern und lüften

In der ersten Zeit nach dem Pflanzen müssen die Stauden und Gehölze öfter gegossen werden als später, denn sie müssen erst einwurzeln! Wichtig ist, dass gerade in dieser Zeit das Wasser direkt an den Wurzelballen gelangt, weil der leicht austrocknet. Es genügt nicht, mit einer halben Gießkanne ein wenig Wasser übers Grab zu spritzen. Im Sommer braucht ein sonnig gelegenes Doppelgrab mit Sommerblumen und Bodendeckern je nach Witterungsverhältnissen alle zwei bis drei Tage zwei bis drei Gießkannen voll Wasser. Wer das Grab nicht so häufig besuchen kann, sollte besser mit größerem zeitlichem Abstand mehr gießen. Wie im Garten gilt auch auf dem Friedhof die Regel: Lieber in größeren Abständen, dafür durchdringend wässern! Bepflanzte Schalen brauchen in der Sonne jedoch täglich Wasser. Sie sollten sie am besten morgens oder abends gießen, nie in der Mittagshitze, da sonst das Wasser schnell verdunstet.

Damit der Boden das Wasser lange speichert, sollten Sie die Erde zwischen den Sommerblumen und Stauden ab und zu lockern (Ausnahme: Unter Rhododendron nicht lockern!). Dafür gibt es kleine Handgeräte mit kurzem Stiel. Auch nach Regenfällen lockern Sie die Erde, sonst verkrustet sie an der Oberfläche und es ist kein Luftaustausch mehr möglich. Wenn das Grab komplett mit Bodendeckern bewachsen ist, entfällt diese Arbeit natürlich. Große Doppelgräber lassen sich nicht mehr vom Rand her pflegen. Hier ist es sinnvoll, Trittplatten auf die Grabfläche zu legen.

Angehörige, die die Gräber häufig besuchen, legen oft ein kleines Gerätedepot hinter dem Grabstein an. Auf Grabfeldern, die durch Hecken gegliedert sind, stört das nicht. In der Lücke zwischen Grabstein und Lebensbaum- oder Eibenhecke bleiben die Pflege-Utensilien verborgen.

Auf manchen Friedhöfen liegen die Gräber inmitten von Rasenflächen. Für die Gräber selbst müssen die Kanten dann immer wieder mit dem Spaten abgestochen werden. Normalerweise haben die Gräber jedoch irgendeine Form von Einfassung, sodass das Kantenstechen nicht nötig ist.

Abdeckungen

Auf manchen Friedhöfen legen die Angehörigen Wert darauf, dass die Gräber mit dunkler Graberde abgedeckt sind. Früher haben die Gärtner diese Erde sogar mit Ruß schwarz eingefärbt. Vom Gärtnerischen her wäre

Diese ungewöhnliche Gestaltungsidee ist Ausdruck des Individuellen – verlangt aber auch einigen Pflegeaufwand.

das Abdecken mit humoser Erde nicht unbedingt nötig, es dient nur der Ästhetik. Manche Gräber muten mit bloß da liegender, säuberlich geharkter Erde fast ein wenig japanisch an. Groben Rindenmulch sollten Sie zum Abdecken nicht nehmen, da die Blumen, Stauden und Gehölze auf dem Grab empfindlich auf die Gerbstoff-Ausscheidungen reagieren und womöglich dadurch absterben. Gut geeignet dagegen ist verrotteter Rindenhumus.

Unter einer Grababdeckung versteht man aber auch das winterliche Abdecken mit Fichtenreisig, das die Pflanzen auf dem Grab vor Frost schützen soll. Meistens ist diese Abdeckung jedoch gar nicht nötig. Die üblichen Bodendeckergehölze wie Efeu und Zwergmispel brauchen keinen Frostschutz – die dichte Abdeckung schadet ihnen sogar. Das Blattwerk darunter fängt womöglich an zu faulen. Noch empfindlicher reagieren Boden deckende Stauden auf den Luftabschluss. Sinnvoll ist eine Abdeckung lediglich in kalten Regionen bei Rosen und empfindlichen Gewächsen. Unbenommen bleibt natürlich das Auflegen von Schmuckreisig auf die bloße Erde.

Wenn Tiere lästig werden

Auf den großen Waldfriedhöfen der Städte leben allerlei kleine Säugetiere: Mäuse, Marder, Kaninchen und sogar Füchse sind schon beobachtet worden. Angst braucht man vor den Tieren kaum zu haben. Auf Waldfriedhöfen ist man – bei aller Vorsicht wegen Tollwut und Fuchsbandwurm – sogar froh über die Füchse, weil die Kaninchen und Mäuse vertreiben. Sehr lästig sind die Kaninchen: Sie wühlen und graben Gänge und sie mümmeln munter frisch gepflanzte Stiefmütterchen, Nelken und Zierkohl. Vertreiben lassen sie sich mit einer stinkenden Wildverbisslösung oder mit einem Buttermilch-Wasser-Gemisch im Verhältnis von 1:3 oder 1:4. Um Nadelholzrinde machen die Nager ebenfalls einen Bogen. Angelockt werden sie dagegen von düngenden Substanzen wie Hornmehl.

Wie auch im Garten, können Nacktschnecken auf dem Friedhof erhebliche Probleme bereiten. Sogar in einer von Stein geprägten Umgebung siedeln sich die gefräßigen Tiere in Bodenspalten oder unter Bodendeckern an und fallen über frisch Gepflanztes her. Manche Pflanzen wie Studentenblumen (*Tagetes*) und Funkien (*Hosta*) locken die Schnecken an. Wer das Grab täglich besucht, schafft es, die Schnecken durch Ablesen im Zaum zu halten. Bei mäßigem Befall lassen sich die Tiere mit wenigen Körnern eines biologischen Schneckenkorn-Präparates zurückdrängen.

Ärger bereiten oft die Vögel. Hauptsächlich sind es Amseln, die auf der Suche nach Regenwürmern Erde und Staudenpolster durchwühlen. Da bleibt dann nichts anderes übrig, als die Polster wieder festzudrücken.

Manchmal richten auch Insekten Schaden an. Ursache sind oft die ungünstigen Standortsverhältnisse. Bei praller Sonnenhitze nistet sich die Rote Spinne am Efeu und in der Zuckerhut-Fichte ein. Dann hilft Gießen. Die Sitkafichtenlaus kann den Blau-Fichten zusetzen. Das kann so weit gehen, dass das Gehölz ganz die Nadeln verliert und entfernt werden muss. In manchen Gegenden bereiten auch die Larven des Dickmaulrüsslers Probleme, da sie sich an den Pflanzenwurzeln gütlich tun; der erwachsene Käfer dagegen frisst buchtenförmig die Blätter an. Da man aufgrund der Pflanzenschutzbestimmungen nur wenig Möglichkeiten hat, den Käfer chemisch zu Leibe zu rücken, bleibt nur das Herauslesen der Larven von den ausgegrabenen Pflanzenwurzeln oder das Absammeln der Käfer per Hand.

Pflanzen ausputzen

Im Idealfall braucht man sich den ganzen Sommer über nicht um die Friedhofspflanzen kümmern, außer sie zu gießen. Sehr genügsam sind in dieser Hinsicht die Eis-Begonien und die Fleißigen Lieschen. Sie „putzen sich selbst“. Bei anderen Sommerblumen, zum Beispiel bei den Pelargonien und den Verbenen, müssen Sie dagegen das Abgeblühte entfernen. Bei manchen Stauden wie Grasnelken oder Polster-Glockenblumen ist das Ausputzen ebenfalls nötig.

Pflanzen zurückschneiden

Bei den kurzlebigen Sommerblumen ist wenig zu tun. Nur wenn sie über den Rand des Grabes hinausragen, sollten Sie zur Schere greifen. Regelmäßigen Schnitt brauchen dagegen Bodendecker wie Efeu und Zwergmispel. Bei schwach wachsenden Sorten ist ein- bis zweimal im Jahr ein Schnitt nötig, bei stärker wachsenden Sorten auch öfter. Für die kleine Fläche auf dem Grab genügt zum Einkürzen eine Heckenschere.

Regelmäßigen Schnitt brauchen auch die Formgehölze wie Buchsbaum, Eibe und Liguster. Dies geschieht am besten im Frühsommer und im Sommer, spätestens im August. Früher waren viele Gräber traditionell mit niedrigen Buchsbaumhecken eingefasst. Diese Tradition lebt zur Zeit wieder auf. Buchsbaumhalbkugeln und Hochstämmchen schmücken zusätzlich die Grabflächen. Wer den Formschnitt selbst durchführen möchte, braucht dafür einige Übung.

Rosen werden vor dem Winter lediglich mit der Gartenschere etwas eingekürzt. Der eigentliche Rückschnitt geschieht im zeitigen Frühjahr. Bei starkem Rückschnitt auf zwei bis drei Augen wachsen die Rosenstöcke von unten her wieder buschig nach. Diese Schnittregel gilt auch für die kleinen Strauchrosen wie 'The Fairy'. Im Garten müsste man sie nicht unbedingt einkürzen, auf dem Grab hingegen schon, weil sie sonst zu groß werden.

Die Ahnung von der Vergänglichkeit des menschlichen Daseins verstärkt sich noch, wenn das Herbstlaub auf die Gräber fällt.

Gelegentlich stehen Bauernhortensien auf großen Familiengräbern. Im Winter sehen die blattlosen Triebe immer etwas staksig aus. Verzichten Sie dennoch möglichst auf den Rückschnitt, denn an den Triebspitzen sitzen die Blütenknospen für das kommende Jahr.

Immergrüne Laubgehölze wie der Rhododendron oder die Stechpalme wachsen zwar langsam, im Laufe der Jahre können jedoch auch sie über die Abmessungen des Grabes hinauswachsen. Dann können Sie die Sträucher notfalls stärker zurückschneiden. Sie treiben mit großer Wahrscheinlichkeit wieder aus. Der immergrüne Kirschlorbeer lässt sich ebenfalls mit der Gartenschere zurücknehmen. Dabei sollten Sie jedoch immer darauf achten, dass die Wuchsform erhalten bleibt. Bei Kiefern stutzt man die neuen Austriebe. Bei säulenartig wachsenden Gehölzen kann man mit der Heckenschere an der Seite entlang gehen.

Was tun mit dem Laub?

Auf den Waldfriedhöfen und auf städtischen Friedhöfen stehen oft viele Laubbäume. Im Herbst fallen die Blätter von Platanen, Linden, Ahorn und Eschen auf die Gräber herab. Viele Angehörige, die mit der Grabpflege betraut sind, stört das. Dabei hat buntes Herbstlaub auch seine Reize. Es deckt vieles zu und es raschelt so schön, wenn man darüber läuft. Und irgendwie gehört es zum Kreislauf des Werdens und Vergehens in der Natur. Ich plädiere deshalb für einen gelassenen Umgang mit dem Laub. Und was das Gärtnerische angeht, sollten Sie sich an den Friedhofsgärtnern orientieren: Sie pflanzen Stauden und Gehölze aufs Grab, die Laub „schlucken". Bewährt hat sich in dieser Hinsicht die Golderdbeere oder Ungarwurz (*Waldsteinia ternata*), das in den Wäldern wild wachsende Immergrün (*Vinca minor*) oder die Haselwurz (*Asarum europaeum*). Manche Friedhofsverwaltungen weisen darauf hin, dass die Angehörigen doch das Laub auf den Gräbern liegen lassen sollen oder wenigstens in den umgebenden Laubflächen verteilen sollen, sodass sich daraus Humus bilden kann. Die Friedhofsverwaltungen selbst gehen immer mehr dazu über, das Laub mit speziellen Geräten sehr geräuschvoll von den genutzten Flächen zu blasen. Es verrottet dann unter den Bäumen oder Sträuchern oder es wird zusammen mit den anderen organischen Materialien, die auf dem Friedhof anfallen, kompostiert.

Zu viel Putzen schadet

Auf dem Land besuchen viele Frauen die Gräber ihrer Angehörigen fast täglich und wenden für die Grabpflege viel Zeit auf: Sie gießen die Schalen, jäten das Unkraut, lesen Blätter auf, polieren den Marmor. Und manche streuen Salz gegen Schnecken und Unkraut. Manchmal fühlt man sich an die sprichwörtliche Putzwut erinnert, und es scheint, als sei die Grabpflege Prestigesache. Auf dem Grab wird genauso aufgeräumt wie im Wohnzimmer. Dabei tun die Angehörigen des Guten allzu oft zu viel. Zu häufiges Gießen und zu viel Düngen schadet den Pflanzen, und Putzmittel, Dünger und Salz schaden der Umwelt. Zum Reinigen der Grabsteine reichen Wasser und Bürste. Und das Unkraut entfernt man von Hand und nimmt dazu kleine Hacken zu Hilfe. Das Spritzen von Unkrautbekämpfungsmitteln ist auf den meisten Friedhöfen ohnehin verboten.

Grabpflege durch den Friedhofsgärtner

Im Idealfall kümmern sich die Nachkommen um das Grab der Eltern oder Großeltern. Doch was tun, wenn die Kinder oder Enkel weit weg wohnen und nicht jeden Tag oder jede Woche und auch nicht jeden Monat ans Grab kommen können? Oder wenn die Ehefrau oder der Ehemann nicht mehr so beweglich sind und sich nicht mehr bücken können? Am einfachsten ist es, das Grab mit pflegeleichten Bodendeckern wie Efeu oder Zwergmispel einzugrünen. Alternativ kann man einen Friedhofsgärtner mit der Grabpflege beauftragen. Der kümmert sich um die Bepflanzung, um das Abräumen und um das Gießen. Die Grabpflege durch Friedhofsgärtner können die Hinterbliebenen veranlassen. Immer mehr Menschen schließen jedoch schon zu Lebzeiten einen Dauergrabpflege-Vertrag mit einem Friedhofsgärtner ab. Das mutet zunächst etwas makaber an, doch für viele Ältere ist es beruhigend zu wissen, dass für die Zeit nach ihrem Tode alles geregelt ist. Sie wollen ihren Kindern oder Verwandten nicht zur Last fallen. Aus die-

Immer mehr Angehörige überlassen das Einpflanzen der Gräber dem Friedhofsgärtner.

sem Grund wählen auch zunehmend mehr Menschen eine anonyme Bestattung oder die Beerdigung in einem Friedwald.

Im Dauergrabpflege-Vertrag lässt sich im Voraus bestimmen, womit das Grab bepflanzt werden soll, welche Schalen oder welche Gestecke es zu Allerheiligen oder zum Todestag schmücken sollen. Es lässt sich auch regeln, dass der Friedhofsgärtner nur einen Teil der Pflege übernimmt und die Angehörigen für die Sommerblumen oder für die Gestecke zum Todestag oder zu Allerheiligen sorgen. Jede einzelne Dienstleistung wird mit einem von der Genossenschaft festgesetzten Preis berechnet. Der Preis richtet sich dabei nach dem Aufwand, den die Bepflanzung erfordert. Die Pflegekosten werden für die gesamte Laufzeit des Vertrages im Voraus berechnet.

Auf dem Land wird die Dienstleistung des Friedhofsgärtners nur zögerlich angenommen. Hier gilt es noch als Ehrensache, die Gräber der Angehörigen zu versorgen, obwohl dies oft mit großer Mühe verbunden ist. Hier sieht man es nicht ein, dem Friedhofsgärtner Geld für etwas zu geben, was man genauso gut selbst machen kann. In der Stadt dagegen bekommen die Friedhofsgärtner immer mehr Aufträge für die Dauergrabpflege.

Kosten

Wie viel die Pflege einer Grabstelle kostet, lässt sich nicht allgemein beantworten. Die Preise unterscheiden sich von Stadt zu Stadt und von Bundesland zu Bundesland zum Teil erheblich. Manche Friedhofsgärtnergenossenschaften und Treuhandstellen schlagen ihren Mitgliedern die Preisgestaltung vor, bei anderen haben die einzelnen Gärtnereien freie Hand.

Auch die Leistungen der Friedhofsgärtner lassen nicht ohne weiteres vergleichen. Manche Betriebe nennen Pauschalpreise, andere rechnen jede einzelne Pflanze ab. Einige Genossenschaften in Süddeutschland bieten ihre Leistungen sehr differenziert an: Ein Posten beinhaltet die allgemeine Grabpflege mit Gießen, Sauberhalten und Schneiden der Pflanzen. Veranschlagt wird die Beseitigung von Erdsenkungen und von Wild- und Wetterschäden, die Bepflanzung im Vorfrühling, im Frühling, im Vorsommer, im Sommer, im Herbst, der Schmuck zu Allerheiligen oder zum Totensonntag und ein Strauß, eine Schale oder ein Gebinde zum Geburtstag oder zum Todestag. Dazu kommt die Grundanlage des Grabes mit Abräumen, Auffüllen und Humuserde sowie die Anlage einer Dauerbepflanzung mit Bodendeckern, Koniferen, Stauden, Gehölzen. In anderen Bezirken kennt man Dauerpflegeverträge in fünf Stufen, differenziert danach, wie oft im Jahr eingepflanzt wird. Anderswo bieten die Gärtner Grabpflege mit einfacher Wechselbepflanzung pauschal an, alternativ dazu ein so genanntes Waldgrab mit Bodendeckern und einer kleinen Pflanzecke. In einigen Regionen legt man großen Wert auf das Eindecken im Winter und bietet dazu wahlweise Gewöhnliche Fichte, Blau-Fichte, Weiß-Tanne oder Edel-Tanne und damit gelegte Muster zu jeweils unterschiedlichen Preisen an. Bei manchen Friedhofsgärtnereien ist ein Polaroidfoto einmal jährlich im Preis inbegriffen. Generell sind zu den eigentlichen Kosten für die Dauergrabpflege noch 5 % Bearbeitungskosten für die Genossenschaft zu veranschlagen.

Die Treuhandstelle

Die Friedhofsgärtner müssen um das Vertrauen ihrer Kunden werben. Sie haben sich deshalb in Genossenschaften und Treuhandstellen zusammengeschlossen, die das bezahlte Geld verwalten. Der Dauergrabpflege-Vertrag wird also nicht mit dem einzelnen Friedhofsgärtner abgeschlossen, sondern mit der Genossenschaft, die das Geld mündelsicher anlegt. Preissteigerungen und Nachzahlungen sind so ausgeschlossen. Die Genossenschaft oder eine der 27 Treuhandstellen im Bundesgebiet beauftragt einen Friedhofsgärtner und bezahlt ihn. Der Vertrag ist damit nicht an eine bestimmte Friedhofsgärtnerei gebunden.

Wer den Vertrag mit der Treuhandstelle abschließt, erwartet natürlich, dass alles wie vereinbart abläuft. Um dies zu gewährleisten, kontrollieren sich die Friedhofsgärtner untereinander. Fachkollegen begutachten ein- oder zweimal im Jahr die Gräber und prüfen, ob dort tatsächlich das gepflanzt worden ist, was im Vertrag bestellt worden ist. Und sie kontrollieren auch, wie gut das Grab gepflegt ist. Wenn etwas nicht in Ordnung ist, rügen die Kontrolleure dies in einem Protokoll.

Der Pflegevertrag

Die Dauergrabpflege ist eine Möglichkeit, dafür zu sorgen, dass das Grab gerichtet ist. Häufig schließen die Angehörigen mit ortsansässigen Gärtnern, die nicht der Genossenschaft angehören, Pflegeverträge ab. Das kann nur eine einzelne Bestellung für einen Kranz oder für eine Schale sein, es kann aber auch ein Pflegevertrag für ein Jahr oder für einen anderen Zeitraum abgeschlossen werden. Der Gärtner übernimmt dann für das jeweilige Jahr bestimmte fest vereinbarte Leistungen und stellt dem Kunden direkt die Rechnung.

In Hamburg machen die Friedhofsgärtner ein interessantes Angebot: Sie bieten als Urlaubsservice in der Zeit vom 1. Juli bis zum 30. September die Grabpflege an und berechnen für jeweils vier Wochen einen günstigen Pauschalbetrag.

Grabschmuck zu den Gedenktagen

Vor den Totengedenktagen herrscht auf den Friedhöfen Hochbetrieb. Katholiken richten die Gräber traditionell auf Allerheiligen hin, evangelische Christen eher zum Totensonntag. Doch diese konfessionellen Vorlieben verwischen seit einiger Zeit. Die meisten Angehörigen bereiten die Gräber schon zu Allerheiligen für den Winter vor. Das hat einen ganz nahe liegenden Grund: Ende Oktober ist es draußen noch nicht so kalt und weit angenehmer am Grab zu arbeiten als Ende November vor dem Totensonntag.

In der Natur zieht sich das Leben allmählich zurück, Blumen sterben ab, Blätter fallen. Es ist die Jahreszeit, in der sich wohl jeder mit der Vergänglichkeit auseinandersetzen muss, nicht nur mit der Vergänglichkeit in der Natur, sondern auch mit der des menschlichen Lebens. Auf dem Friedhof werden wir direkt mit dem Tod konfrontiert. Wenn Angehörige das Grab schmücken, wollen sie damit auch die Verbundenheit mit den Verstorbenen ausdrücken. Manche Pflanzen symbolisieren diese Zwiesprache mit den Toten. Von alters her stehen Buchsbaum, Efeu und Immergrün für Unsterblichkeit und Auferstehung. Gräser dagegen symbolisieren die Vergänglichkeit und die Eibe wird wegen ihrer düsteren Nadeln und ihrer Giftigkeit als Totenbaum angesehen.

Fast alle Gräber bekommen zusätzlich zur Grundbepflanzung mit immergrünen Gehölzen oder Stauden eine Schale oder ein Gesteck als Schmuck. Die Größe des Gebindes sollte auf die Größe des Grabes abgestimmt sein. Auf einem großen Doppelgrab kann ein großer Kranz liegen oder eine stattliche Schale stehen. Ein ganz kleines Herz wirkt hier verloren. Auf Einzelgräbern darf das Gebinde kleiner sein.

Das floristisch gekonnte gearbeitete Gesteck in Kreuzform kommt auf dem dunklen Untergrund und mit der Einrahmung aus Blaufichten-Zweigen gut zur Geltung.

Gewunden, gebunden und gesteckt

Die üblichen Gestecke, die massenweise in Gartencentern angeboten werden, bestehen aus exotischen Stängeln und Früchten, gefertigt auf einer Basis aus Islandmoos und Koniferengrün. Solche Gestecke haben den Vorteil, dass sie den ganzen Winter über halten und noch im Frühjahr fast unverändert aussehen. Manche sind sogar in leuchtenden Farben eingesprüht, in jedem Herbst in einer anderen Modefarbe. An solchen Gestecken scheiden sich die Geister, so mancher meint, sie passen eigentlich nicht zur Würde des Orts.

Seit einiger Zeit gibt es jedoch auch den Trend zu mehr Natürlichkeit auf dem Grab. Die Floristen verarbeiten Herbstlaub, Kastanien, Nüsse, Herbst-Fetthenne, Hagebutten, kleine Äste von Zypressen und Wacholder, von Efeu und Zwergmispel, von Stechpalme und Mahonie, Äste von Hartriegel und Korkenzieher-Hasel, Kiefern- und Tannenzapfen, Moose, Baumpilze, Trockenblumen, kleine Äpfel oder die Fruchtstände von der Wilden Waldrebe.

Die Kranzform steht als uraltes Symbol für Unsterblichkeit, für ewiges Leben. Manche Friedhofsgärtner bieten phantasievoll gefertigte Kränze an, die entweder gesteckt, gebunden oder bepflanzt sein können. Für gebundene Kränze werden Zweige von immergrünen Laub- und Nadelgehölzen, von Wacholder, Lebensbaum, Buchsbaum oder Stechpalme verwendet. Das Binden großer Kränze sollte man den Floristen überlassen. Einige Übung ist vonnöten, um den Kranz rund und gleichmäßig binden zu können. Eine solche einheitlich grüne Kranzunterlage lässt sich mit angedrahteten Zapfen und Früchten verzieren und mit Waldrebenranken umschlingen. Die Kränze liegen auf der bloßen Erde oder auf der Fläche mit den Bodendeckern. Es muss aber nicht immer ein

Formen als Symbole

Kranzform:	Symbol für Unsterblichkeit, für ewiges Leben
Kreuzform:	christliches Symbol für Auferstehung und ewiges Leben
Herzform:	Ausdruck der Liebe
Kugelform:	Symbol für Kreislauf, Zentrum, In-sich-Ruhen
Kissenform:	symbolisiert den „ewigen Schlaf"

Die Angehörigen legen gerne Gestecke mit symbolischen Formen aufs Grab. Dieses Herz besteht aus Koniferengrün, Stacheldraht (Calocephalus) und Strohblumen.

aufwändig und teuer gearbeiteter Kranz sein. Ein selbst gewundenes Kränzchen aus Efeu-, Waldrebenranken oder Rosenzweigen – ähnlich der Kranzgestaltung zum Dekorieren rund ums Haus – ist viel mehr wert als der teuerste Kranz aus dem Geschäft.

Verschiedenene Kranzunterlagen

Eine gute Idee der Floristen sind bepflanzte Kränze. Sie halten problemlos den ganzen Winter über. Gepflanzt wird in eine Kranzform aus Altpapier, die einem aufgeschnittenen Autoreifen ähnelt. Damit sie gut wirken, sollten sie einen großen Durchmesser von 80 bis 100 cm haben. In die Höhlung kommt Blumenerde, bepflanzt wird mit Herbstblumen und kleinen Gehölzen. Schöne Beispiele habe ich mit der Sommer- oder Besenheide, Horn-Veilchen, Garten-Salbei, Silberblatt, Stacheldraht und Efeu gesehen. Wenn es im Winter lange trocken bleibt, muss man die Pflanzen eventuell gießen. Solche Kränze eignen sich auch sehr gut zum Auflegen auf eine Grabplatte.

Die bepflanzten Kränze sind jedoch nicht die Regel. Viele Floristen arbeiten noch immer mit Styropor und Steckmasse. Neuerdings bestehen die Unterlagen aus zwei Schichten, einer harten und einer weichen, in die die Ästchen und Früchte direkt gesteckt werden können. Die floralen Zutaten müssen nicht mehr angedrahtet werden.

Hobby-Floristen verwenden gelegentlich auch Strohkränze oder Kokosfaserformen als Unterlage, die auf dem Kompost verrotten, wenn sie ihren Dienst getan haben. Viele Floristen und Friedhofsgärtner fühlen sich dem Umweltschutz verpflichtet und achten darauf, dass ihre Kranz- und Gesteckunterlagen verrottbar sind; andere verwenden die Kranzunterlagen mehrfach.

Wer etwas Fingerfertigkeit besitzt, kann den Herbstschmuck fürs Grab auch selbst anfertigen. Zum Bepflanzen gibt es im Floristenbedarf oder in Bastelgeschäften die Grundformen zum Bepflanzen und zum Bestecken: Kranzformen, viereckige Formen, Herzformen, Kreuze. Es zeigt sich immer wieder, dass die einfachen Formen würdevoller wirken als die unregelmäßigen Formen. Wenn dann noch floristischer Zierrat dazu kommt, ist die Grenze zum Kitsch schnell erreicht.

Persönliche Gedenktage

Zum Sterbetag, zum Geburtstag oder zum Hochzeitstag kommen die selben Gedanken wie zu den allgemeinen Totengedenktagen auf. Je nach der Jahreszeit, in der ein Gedenktag fällt, können die floristischen Gebinde unterschiedlich aussehen. Wer einen Dauergrabpflegevertrag abgeschlossen hat, kann vorab genau vereinbaren, ob Rosen oder andere spezielle Blumen gewählt werden sollen. Auf dem Land wird der Grabschmuck zu den Gedenktagen einfacher gehandhabt. Oft kommt ein besonders üppiger Blumenstrauß in die Grabvase, vielleicht die Lieblingsblume des Verstorbenen oder es wird eine Frucht – ein Kürbis, ein Apfel – auf ein Blatt gelegt. Solche schlichten Beispiele rühren

Ein selbst gebundenes Kränzchen aus Blättern, Blüten und Früchten drückt die Verbundenheit mit dem Verstorbenen aus.

den Betrachter häufig mehr an als üppige Gebinde, die ohne innere Beziehung zu den Verstorbenen stehen. Fünfzig Rosen aus dem Treibhaus können eine einzige Gartenrose, die von Herzen kommt, nicht aufwiegen.

Bei meinen Besuchen auf Friedhöfen im ganzen Land fallen mir die Blumensträuße, die die Angehörigen aufs Grab stellen, immer besonders auf: Hier ein Maiglöckchenstrauß, dort ein Lupinenstrauß vor einem schwarz polierten Grabstein, ein Rosenstrauß auf dem Grab der Lehrerin, die leuchtenden Astern- und Dahliensträuße im Herbst. Die meisten Blumen kommen aus dem eigenen Garten, Floristensträuße sind eher selten.

Auf städtischen Friedhöfen sieht man dagegen überwiegend Gärtnersträuße mit Rosen, Nelken oder Chrysanthemen, gelegentlich einmal einen extravaganten Strauß, in dem die Blumen von Blattwerk und Gräsern eingerahmt sind. Oder man findet ein buntes Gebinde mit Herbstblumen in einem orangefarbenen Kürbis – ein Tupfer Farbe in einer ansonsten grünen Umgebung!

Die Grabsträuße stecken meistens in speziellen Grabvasen aus Kunststoff, die unten mit einer lang ausgeformten Spitze versehen sind. Diese Vasen mit ihrer nicht allzu weiten Öffnung fassen Blumensträuße aller Art gut. Ihre Form hat sich in Jahrzehnten nicht verändert – ein Hinweis darauf, wie praktisch diese Behältnisse sind. Sie

Symbolsprache der Blumen

Akelei	Gilt als heilige Pflanze, Symbol für die Dreieinigkeit
Chrysantheme	Symbol für langes Leben, für das Totengedenken und für Liebe über den Tod hinaus
Schwertlilie (Iris)	In der Mythologie als Symbol für das Übermitteln von Nachrichten zwischen den Göttern und den Menschen. In der Türkei werden heute noch blau blühende Iris auf Frauengräber gepflanzt, in der christlichen Kunst gilt die Iris als die Blume der Verkündigung
Königskerze	Marienblume (Mariä Himmelfahrt)
Lavendel	Symbol für die Unberührtheit der Jungfrau Maria
Madonnenlilie	Zeichen der Unschuld und Keuschheit
Maiglöckchen	Sinnbild für Glück und Liebe und Hoffnung auf das Ende allen Kummers
Margerite	Unentschlossenheit zur Liebe, Orakelblume (Rupfblume)
Mohn	Symbol für Fruchtbarkeit, Schlaf, Vergessen, Tod
Narzisse	Symbol für Frühling und Fruchtbarkeit, für Schlaf und Tod, weiße Narzissen für den Brautstand
Nelke	Steht für göttliche und irdische Liebe
Rose	Symbol für Vollkommenheit, Schönheit, göttliche und irdische Liebe, geknickter Stängel symbolisiert früh beendetes Leben
Rosmarin	Steht für treues Gedenken, Liebe, Hochzeit, Tod, Unsterblichkeit
Schlüsselblume	Symbolisiert Frühling, Hoffnung, Jugend, Unschuld, Öffnung des Himmels (Himmelsschlüssel)

Pflanzen, deren Namen für ihre Bedeutung stehen:
Vergissmeinnicht (*Myosotis silvatica*), Gedenkemein (*Omphalodes verna*), Brennende Liebe (*Lychnis chalcedonica*), Tränendes Herz (*Dicentra spectabilis*)

lassen sich zum Beispiel ohne weiteres zwischen dicht verschlungene Efeuranken stecken. Für den Winter sind die Grabvasen allerdings nicht gemacht: Gefrierendes Wasser würde das Plastikmaterial zersprengen, ganz abgesehen davon, dass die Schnittblumen tiefe Temperaturen und Frost nicht vertragen.

Als spontanen Gruß an die Toten stecken manche Angehörigen Blumen einfach direkt in die Erde: Rosen, Hortensien oder Wildblumen vom Acker- oder Wegesrand.

Anhang

Hilfreiche Adressen

Aeternitas e.V., Im Wiesengrund 57, 53639 Königswinter, Tel.: 0 22 44/9 25 37, Fax: 0 22 44/9 25 38 8, E-Mail: aeternitas@t-online.de Internet: www.aeternitas.de Verbraucherinitiative Bestattungskultur. Berät allgemein und in allen Fragen zu Friedhof, Bestattung, Grab, Grabmal, Blumen, Kosten, Gebühren, Vorsorge

Arbeitsgemeinschaft Friedhof und Denkmal e.V. (AFD), Zentralinstitut und Museum für Sepulkralkultur, Weinbergstr. 25-27, 34117 Kassel, Tel.: 05 61/9 18 93-0, Fax: 05 61/9 18 93 10, E-Mail: afd.kassel@t-online.de, Internet: www.sepulkral- museum.de, www.naturstein-netz.de/afd, www.outoftime.de/museum/sepulkralkultur.html Zeitschrift „Friedhof und Denkmal", zahlreiche Veranstaltungen, Beratung

ARGE – Arbeitsgemeinschaft Friedhofsgärtner-Genossenschaften und Treuhandstellen, Godesberger Allee 142-148, 53175 Bonn, Telefon: 02 28/8 10 02-56, Fax: 02 28/8 10 02-48, Internet: www.dauergrabpflege.de Viele Informationen zur Bepflanzung des Grabs, zur Grabpflege allgemein und zur Dauergrabpflege

Bundesarbeitsgemeinschaft Trauerfeier e.V., Geschäftsstelle: Gartenstraße 114, 24222 Flintbek, Tel.: 0 43 47/70 37 33, Fax: 0 43 47/70 37 35 Gestaltung von Trauerfeiern, Trauerreden, unabhängig von Religionsgemeinschaften

Bund deutscher Friedhofsgärtner (BdF) im Zentralverband Gartenbau e.V. (ZVG), Godesberger Allee 142–148, 53175 Bonn, E-Mail: zvg-bonn.bolz@g-net.de, Internet: www.friedhofsgärtner.de

Deutscher Naturwerkstein-Verband e.V., Sanderstraße 4, 97070 Würzburg, Tel.: 09 31/1 20 61, Fax: 09 31/1 45 49 Hier gibt es Informationsmaterial über die allgemeinen Gestaltungsmöglichkeiten von Grabmalen und ein Verzeichnis der Naturwerkstein-Fachbetriebe.

Förderkreis Ohlsdorfer Friedhof e.V., Fuhlsbüttler Straße 756, 22337 Hamburg, Telefon: 0 40/50 05 33 87, E-mail: redaktion@ohlsdorf-online.de, Internet: www.ohlsdorf-online.de Rühriger Verein, gibt eine Zeitschrift heraus, initiiert Veranstaltungen zur Friedhofskultur in Hamburg und an der Nordseeküste

Friedwald-Bewegung: Verein Friedwald Deutschland e.V., MyPlan4Ever GmbH, Flotowstraße 9, D-64287 Darmstadt, Tel:+49 (0) 61 54–63 01 07, E-Mail: Marketing@myplan4ever.com, Internet: www.friedwald.de

Friedwald Schweiz: Verein Naturbestattung und Friedwald: Ueli Sauter, Haldenhof, CH-8265 Mammern, Tel.: 0041 (0) 5 27 41 12, Fax: 0 41 (0) 5 27 41 31 91, E-Mail: ueli@sauter.ch, Internet: www.friedwald.ch

Leitfriedhof Nürnberg, Julius-Loßmannstr. 53, 90469 Nürnberg, Kontakt: Bestattungsanstalt der Stadt Nürnberg, Tel.: 09 11 / 2 31 25 65 Beispielhafte Anlage mit Grabmalen und darauf abgestimmten Bepflanzungen, Aushängeschild des Steinmetz-, Stein- und Holzbildhauerhandwerks und des Bundes deutscher Friedhofsgärtner

Strassacker, Kunstgießerei, Staufeneckstraße 19, 73079 Süssen, Tel.: 0 71 62 / 16-378, Fax: 0 71 62 / 16-399, E-Mail: mail@strassacker.de, Internet: www.strassacker.de Bronzeskulpturen, Grabzubehör, Mustergrabanlage auf dem Friedhof in Süßen, Ausstellung: „Der Mensch – sein Grabmal", großes Engagement für die Friedhofskultur

Verband Friedhofsverwalter Deutschlands e.V., Geschäftsstelle, Ilgenweg 6a, 12349 Berlin, Tel.: 03 0 / 7 03 45 61, Fax: 0 30 / 7 03 55 35, E-Mail VFD@friedhofsverwalter.de, Internet: www.friedhofsverwalter.de

www.inschriften.de
Sammlung kurioser Hausinschriften und Grabinschriften

Friedhöfe im Internet:

Paris, Père Lachaise:
www.gargl.net/lachaise,
www.perelachaise.net
Hamburg: www.friedhof-hamburg.de
Hamburg-Ohlsdorf:
www.ohlsdorf-online.de
Havixbeck (Münsterland):
www.erinnerungszeichen.de
Zürich: www.stadt-zuerich.ch/kap10/bestattungen/index.html

Virtuelle Friedhöfe:

www.cemetery.org

www.gedenken.ch

www.memoriam.de – Gedenkseiten der deutschen Bestatter
memoriam.de GmbH, Vollmerswerther Straße 79, 40221 Düsseldorf, Tel.: 02 11 / 1 60 08 15, Fax: 04 21 / 5 97 03 75, E-Mail: bv-bestatter@t-online.de
Eintragung für die Dauer von zwei bis fünf Jahren zu einem Preis von 110,– bis 220,– €

www.postmortal.de

www.worldgardens.com

www.virtualmemorials.com

Literaturverzeichnis

Bücher

Anger, Gudrun und Bortfeldt, Georg: Kränze aus Blüten und Früchten. Verlag Eugen Ulmer Stuttgart, 2000

Bayerische Akademie für Naturschutz und Landschaftspflege (ANL), Postfach 12 61, 83406 Laufen/Salzach (Hrsg.): Dorfökologie: Gebäude – Friedhöfe – Dorfränder. Laufener Seminarbeiträge 1/94

Bayerischer Landesverband für Gartenbau und Landespflege e.V., Postfach 15 03 09, 80043 München, Tel.: 0 89 / 5 44 30 50: Merkblatt „Naturgemäße Grabgestaltung“, 1996

Beuchert, Marianne: Symbolik der Pflanzen. Von Akelei bis Zypresse (mit 101 Aquarellen von Maria-Therese Tietmeyer). Insel Verlag Frankfurt, 1995

Bott, Hans: Schöne Gräber bepflanzen und pflegen. Verlag Eugen Ulmer, Stuttgart, 1996

Bross-Burkhardt, Brunhilde: Ländliche Friedhofskultur in Gefahr. Bauernkalender, Verlag Eugen Ulmer Stuttgart, 1997

zur Hausen, Winfried: Grabstätten. Verlag Eugen Ulmer Stuttgart, 1986

IGA Stuttgart 93 GmbH (Hrsg.): Bestattungsformen der Hochreligionen. Grenzbereich zwischen Diesseits und Jenseits. Broschüre zur Ausstellung auf der IGA Stuttgart 93

Kerstjens, Dr. Karl-Heinz und Kalbe, Armin (Hg.): Grabgestaltung. Stilvolle Bepflanzung und Grabpflege. DuMont, Köln, 2000

Kleinod, Brigitte: Grabbepflanzung, liebevoll und schön. Kosmos-Verlag, Stuttgart, 2. Auflage 2002

Kreuzer's Gartenpflanzen Lexikon. Band 4: Sommerblumen, Blumenzwiebeln und -knollen, Beet- und Balkonpflanzen. Bernhard Thalacker Verlag, Braunschweig, 3. Auflage 1993

Sachweh, Ulrich: Zierpflanzenbau mit Staudengärtnerei, Friedhofsgärtnerei. Verlag Eugen Ulmer, Stuttgart, 1988

Zeitschriften

Deutscher Gartenbau: feste Rubrik Friedhofsgärtner. Verlag Eugen Ulmer, Stuttgart

Friedhof und Denkmal.
Hrsg. Arbeitsgemeinschaft Friedhof und Denkmal e.V.,
Weinbergstr. 25–27,
34117 Kassel

Friedhofskultur. Zeitschrift für das gesamte Friedhofswesen. NGM Neue Gartenbaumedien Braunschweig

Naturstein. Die Zeitschrift für die gesamte Natursteinwirtschaft. Ebner Verlag Ulm, E-Mail: naturstein-ebnerverlag.de, Internet: www.natursteinonline.de
In der Internet-Ausgabe der Zeitschrift kann man sich über spezielle Herkünfte von Steinen informieren. Suchfunktion für Steinart, Farbe, Verwendungszweck. Außerdem viele nützliche Adressen

Ohlsdorf – Zeitschrift für Trauerkultur. Förderkreis Ohlsdorfer Friedhof e.V., Fuhlsbüttler Straße 756, 22337 Hamburg, Telefon: 040/50 05 33 87, E-mail: redaktion@ohlsdorf-online.de, Internet: www.ohlsdorf-online.de

Stein. Das Magazin für den Natursteinmarkt. Callwey Verlag München. Internet: www.stein-netz.de
Die Redaktion gibt eine informative Steinkarte mit den deutschen Naturwerkstein-Vorkommen heraus.

Bildquellen

Aeternitas e. V.; Königswinter: Seite 22, 79 (links), 110.
Dieringer, Mario; Frankfurt: Seite 15.
Kunstgießerei Strassacker; Süssen: Seite 25, 45 (2).
Redeleit, Wolfgang; Bienenbüttel: Umschlagbild-Einklinker links und Mitte.
Reinhard, Hans; Heiligkreuzsteinach: Umschlagbild (groß), Seite 30, 112.
Wachsmuth, Karin; Stuttgart: Seite 12, 37, 94.
Alle übrigen Bilder stammen von der Autorin.

Die Zeichnungen fertigte Kerstin Heß, Stuttgart nach Vorlagen der Autorin.

Register

Bibliografische Information
Der Deutschen Bibliothek

Die Deutsche Bibliothek verzeichnet diese Publikationen in der Deutschen Nationalbibliografie; detaillierte bibliografische Daten sind im Internet über http://dnb.ddb.de abrufbar.

ISBN 3-8001-3923-5

Wollgrasweg 41, 70599 Stuttgart (Hohenheim)
Internet: www.ulmer.de
Email: info@ulmer.de
Printed in Germany
Lektorat: Wiebke Krabbe, Karin Wachsmuth
Herstellung & DTP: Thomas Eisele
Druck und Bindung: Appl, Wemding

Würdevolle Grabgestaltung

Gehölze und Stauden zur **Gestaltung von Grabstätten** werden in diesem Buch beschrieben. Neben der **standortgerechten Auswahl** steht die Symbolträchtigkeit der Pflanzen im Mittelpunkt einer gelungenen Grabgestaltung.

Stauden und Gehölze in der Grabgestaltung. Sortiment, Verwendung, Symbolik, Pflanz- und Pflegetipps. L. Nobbmann. 2003. Etwa 184 Seiten, 96 Farbf. und Farbtaf., 80 s/w Zeichn. ISBN 3-8001-3236-2.

Im Buch „Bodendecker für Gärten und Parkanlagen" erfahren Sie alles über die Wuchstypen und die **Verwendungsmöglichkeiten** von Bodendeckern, Stauden und Gehölzen.

Bodendecker für Gärten und Parkanlagen. B. Brinkforth. 1995. 184 Seiten, 59 Farbf., 26 Zeichn. u. Pflanzpläne, 25 Tab. ISBN 3-8001-5284-3.

Der Würde des Ortes „Friedhof" entsprechend sind bei der **Gestaltung von Grabflächen** bestimmte gestalterische Regeln einzuhalten. Das Buch beschreibt geeignete Pflanzen, gibt Beispiele für die Gestaltung und Anleitungen zur Pflege.

Gräber bepflanzen und pflegen. H. Bott. 2. Auflage 2001. 112 Seiten, 73 Farbfotos, 16 Zeichnungen. ISBN 3-8001-3661-9.

In 36 Ideen zeigt dieses Buch, wie vielseitig man Gräber mit Blumen schmücken kann. Es zeigt, wie Sie mit Schalen, Sträußen oder Kränzen **Akzente setzen** und welche **Symbolik** dahinter steht. Materiallisten, Tipps und anmutige Fotos erleichtern Ihre Arbeit.

Blumen für das Grab. Floristische Ideen für das ganze Jahr. M. Kratz. 2001. 96 S., 65 Farbf. ISBN 3-8001-3275-3.